蓝鹦鹉格鲁比科普故事
能源危机

〔瑞士〕丹尼尔·穆勒 绘　　〔瑞士〕亚特兰特·比利 著

赵皇丹 译

中国水利水电出版社
www.waterpub.com.cn
·北京·

内 容 提 要

　　本书是《蓝鹦鹉格鲁比科普故事》中的一本，是一本围绕能源的主题展开探索的少儿科普读物。格鲁比和一对兄妹一起去探索气候恶化的原因，在能源专家的指导下，懂得了气候变化、冰川融化、猛烈风暴和极端天气这些问题都与人们错误地使用能源有很大的关系。于是，格鲁比和朋友们进一步学习了关于石油、煤炭、天然气等石化燃料以及核能、太阳光伏、地热能等新能源的知识，并详细分析了各种能源的优缺点。他们发现利用好能源是很重要的。本书内容丰富，图文并茂，融知识性与趣味性于一体，值得青少年读者一读。

图书在版编目（ＣＩＰ）数据

　　能源危机 ／（瑞士）亚特兰特·比利著 ；（瑞士）丹尼尔·穆勒绘 ；赵皇丹译. -- 北京 ：中国水利水电出版社，2022.3
　　（蓝鹦鹉格鲁比科普故事）
　　ISBN 978-7-5226-0537-1

　　Ⅰ．①能… Ⅱ．①亚… ②丹… ③赵… Ⅲ．①能源危机—少儿读物 Ⅳ．①F407.2-49

　　中国版本图书馆CIP数据核字(2022)第042174号

Globi und die Energie
Illustrator: Daniel Müller /Author: Atlant Bieri

Globi Verlag, Imprint Orell Füssli Verlag,
www.globi.ch
© 2021, Orell Füssli AG, Zürich
All rights reserved.

北京市版权局著作权合同登记号：图字 01-2021-7213

书　　　名	**蓝鹦鹉格鲁比科普故事——能源危机** LAN YINGWU GELUBI KEPU GUSHI —NENGYUAN WEIJI	
作　　　者	〔瑞士〕亚特兰特·比利　著　　赵皇丹　译	
绘　　　者	〔瑞士〕丹尼尔·穆勒　绘	
出 版 发 行	中国水利水电出版社 （北京市海淀区玉渊潭南路1号D座　100038） 网址：www.waterpub.com.cn E-mail：sales@waterpub.com.cn 电话：（010）68367658（营销中心）	
经　　　售	北京科水图书销售中心（零售） 电话：（010）88383994、63202643、68545874 全国各地新华书店和相关出版物销售网点	
排　　　版	北京水利万物传媒有限公司	
印　　　刷	天津图文方嘉印刷有限公司	
规　　　格	180mm×260mm　16开本　7印张　108千字	
版　　　次	2022年3月第1版　2022年3月第1次印刷	
定　　　价	58.00元	

再版前言

亲爱的小朋友们，亲爱的格鲁比的粉丝朋友们：

在 2016 年的春天，儿童科普书籍《蓝鹦鹉格鲁比科普故事——能源危机》第一次出版了。它受到了许多热情的读者的喜爱，共售出数万册。

与此同时，气候和环境也发生了很大的变化。在过去 10 年间，全球平均气温升高了 0.2 摄氏度。在 2020 年，全球气温达到了一个新的历史高度——这是自 1850 年开始测量气温以来最热的一年。

在这次新版本中，我们不仅更新了所有的数据，还囊括了能源和气候主题的最新信息。我们补充说明了许多重要方面，例如石油的运输以及它对海洋环境造成的负面影响，也有对全球塑料污染问题的探讨。插图师也为这些新章节绘制了全新的插图。

一如既往，格鲁比继续充当好奇的提问者，有时还会闯点儿小祸。

我们希望，将这一庞大的、震撼世界的议题以适合你们儿童阅读的方式呈现出来。因为儿童不再是被动的旁观者，你们正在遭受气候和环境变化造成的恶果，也必须面对这种后果。同时你们中将来也有许多人将积极参与政治和世界性的事务。

通过这本书，我们想为你们打好基础，以便日后你们可以形成自己的观点。和（外）祖父母、父母以及其朋友一起探索这个话题将是非常有趣的。

亚特兰特·比利（Atlant Bieri，作者）

目 录

疯狂的气候

格鲁比在城市公园散步的时候遇到了一家人，他们正舒服地坐在长椅上野餐。

格鲁比和这家人聊了起来。他问这家的小女孩："你好，我的名字叫格鲁比。你叫什么？"

"我叫塔拉，这是我的哥哥埃内里。"小女孩回答道，"我们来自岛屿国家基里巴斯，它位于太平洋上，在地球的另一端。"格鲁比感到很好奇。那里究竟是什么样的呢？塔拉告诉他，在基里巴斯有许多棕榈树和非常美丽的沙滩。"但那里的海平面一年比一年高，我们的家和学校都已经被淹没了。"塔拉悲伤地说道。她向格鲁比解释说这是气候变化导致的。由于全球变暖，格陵兰岛和南极洲地区的冰川融化，导致了海平面的上升。"我们失去了一切，所以不得不逃到瑞士来。在这里，人们称我们为气候难民。"

这时，一位女士突然加入了他们的谈话。"不好意思，我刚才一直在听你们聊天。我是加西亚，我来自西班牙南部。"

"您也是气候难民吗？"格鲁比问道。

"从某种程度上来说我是的。我以前住在西班牙的时候，切身体验到了气候变化给我们生活造成的影响。夏季变得越来越热、越来越干。不知道什么时候连水库都空了，水龙头里也没有一滴水。后来每天都有一辆贮水车从城里开到我们那里，为我们提供饮用水。我们必须把水先装进水桶，然后再辛苦地把它搬回家。到最后我实在无法忍受，就逃离了我的家乡。"

听完他们说的话，格鲁比决定深入调查这件事。

在气象站

格鲁比询问塔拉和埃内里是否要和他一起去气象站。或许那里有人可以向他们解释为什么气候要如此作弄基里巴斯的人们。当他们到达气象站总部的办公室时，他们震惊了：那里到处都是屏幕，上面正显示着不同国家和地区当前的天气状况。

气象站的工作人员巴德尔先生是一位气候学家，他耐心地向格鲁比和孩子们解释了气候到底是什么。

"首先你们需要了解的是，气候是指一个地方在很长一段时间内的天气状况的总和。雨、雪、晴天、雷雨、干旱——这些天气状况共同构成了一个特定地区的气候。"巴德尔先生说。

"不幸的是，如今世界各地的气候都在发生变化。总体来说，气候变得更温暖了。比如你们会发现，夏天更热了，冬天也不那么冷了。这导致山区的积雪减少，冰川也正在消融，某个地区的降水量比以前更多，这可能会造成水灾。"

"那气候为什么会发生变化呢？"格鲁比问道。

"现在大家都知道，这和能源消耗有关。"巴德尔先生解释说。格鲁比和孩子们感到迷惑不解。

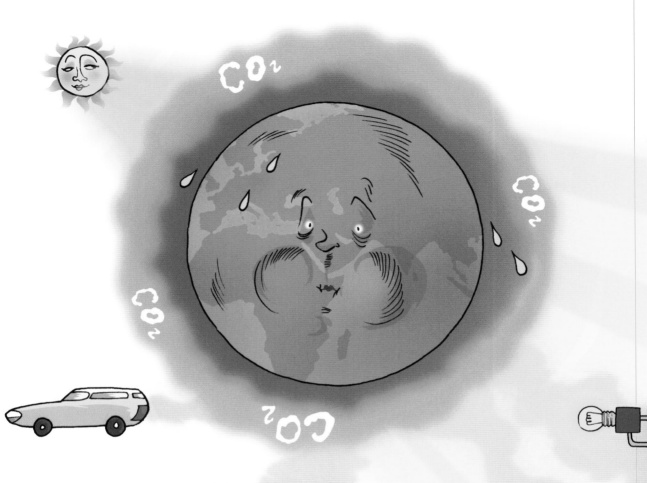

塔拉说："但能源和气候是两种完全不同的东西。"

"其实并不是这样。"巴德尔先生继续解释道，"我们为了获取热能和电能，燃烧大量的煤炭、石油和天然气，它们会释放出温室气体二氧化碳（CO_2）。这就像给大气层套上一件厚厚的外套。也就是说，空气会变得越来越暖和。如果我们想要阻止气候变化，就必须改变能源生产和消耗的方式。"

什么是能源？

格鲁比现在完全被能源的问题迷住了，他想要了解更多关于能源的信息。他在网上搜集资料的时候，发现了一个名为"图根堡能源谷"的网页，并在上面找到了一个名叫布鲁诺·埃格诺夫的人。他称自己为"能源大使"。嗯……这到底是什么意思？

格鲁比毫不犹豫地拨通了这个大使的电话，并请他给自己解释一下能源到底是什么。能源大使对格鲁比的要求感到非常高兴。他和格鲁比还有孩子们约定在位于利希滕施泰格 [①] 的图根堡博物馆见面。

---

① 利希滕施泰格（Lichtensteig），位于瑞士东部地区，是圣加仑州（St. Gallen）的一个小镇和直辖市。

在博物馆里，格鲁比、塔拉和埃内里得到允许，可以尝试使用 19 世纪的老式手动织布机来织布。他们必须用手将梭子穿过经纱，才能完成织布。这个梭子里面有一个纺线轴。

布鲁诺·埃格诺夫向他们解释说："能源有许多种不同的形式。例如这个梭子就具有动能，所有移动的物体中都充斥着这种能量。"

格鲁比感到震惊，他问道："那这个梭子的动能是怎么产生的呢？""从你这里来的。"布鲁诺·埃格诺夫说，"每次你推动这个梭子的时候，就在给它注入动能。你就像是这个梭子的电池。"

格鲁比和孩子们忍不住笑了出来，"我们是电池！"他们在博物馆里大声地叫道。"那我们也可以用动能给其他东西充电，是吗？"塔拉问。

"是的，你们在日常生活中一直在做这件事。当你踢足球的时候，当你扔纸飞机的时候，当你开门的时候或者当你叠裤子的时候——你都在给物体施加动能。"布鲁诺·埃格诺夫回答道。

肌肉需要糖分

在织布机前工作了一小时后，格鲁比和孩子们都觉得自己的手臂有些酸痛。 布鲁诺·埃格诺夫笑道："毫无疑问。 这是因为你们过度使用了自己的肌肉。"

格鲁比感到很好奇。"但它为什么会痛呢？"

"因为肌肉消耗了你的能量储备。"布鲁诺·埃格诺夫解释道。

"你的意思是，我的电池没电了？"格鲁比问。

"是的，没错。"

"那我们要如何给自己充电呢？"孩子们问道。

"跟我来，我先给你们展示一下，你们的能量来自哪里，然后我们再补充能量。"布鲁诺·埃格诺夫回答道。

布鲁诺·埃格诺夫和孩子们徒步前往一片麦田。他说："看，这里正生长着你们肌肉所需要的能量。"格鲁比和孩子们都很惊讶。但这到底是如何做到的呢？

布鲁诺·埃格诺夫接着说："小麦、土豆或者燕麦中含有的糖分是由于它们的叶子进行光合作用而产生的，农作物中的这些糖分会转化为淀粉。我们每天吃面包、燕麦片或者土豆的时候，其实都在摄入淀粉。它们在我们的肠道中被消化，并重新转化成糖分。糖分通过小肠壁进入血液循环，从而供给肌肉。肌肉最终会燃烧这些糖分，并将它转变成能量。"

这一切听起来真是不可思议。格鲁比从来没有想过，农业生产会和他能操作织布机有关系。

"但小麦又是如何获得生产糖的能量呢？"埃内里问道。格鲁比知道这个问题的答案。布鲁诺·埃格诺夫指着太阳说："从那里。"

生活中的能源来源

动能：自行车、汽车、旋转木马

热能：沸水、浴缸中的温水、熨斗

辐射能：微波炉、太阳光

电能：电流、闪电

太阳

　　太阳就好像一个巨大的烤箱。它的内部温度高达 1500 万摄氏度，这么高的温度在地球上是不存在的。太阳的 3/4 是氢气，这种气体为它提供燃料。燃烧只发生在太阳的核心处，并会释放出巨大的能量。这些能量以可见光的形式从太阳中出来，并到达我们的地球上，整个过程需要整整 8 分钟。太阳光是地球上所有植物的能量来源。

地球

太阳

太阳核

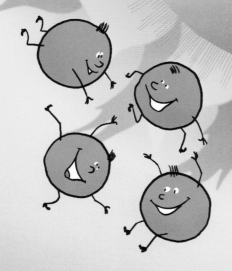

从 4

变成 1

燃烧反应

在燃烧过程中，4 个氢原子聚
变成 1 个氦原子；在此过程中，它
们会释放出能量。

碳循环

　　现在是时候给格鲁比和孩子们充电了。于是，布鲁诺·埃格诺夫带他们去了一家位于埃布纳特-卡佩尔[②]的咖啡馆。他为孩子们点了一道当地的特色菜：干梨芝士蛋糕。这是图根堡地区的传统糕点，味道非常好。大家吃蛋糕的时候，布鲁诺·埃格诺夫再次给他们解释了太阳能工作的原理：

　　"植物利用阳光进行光合作用，从而在它们的叶子中产生糖分。这个过程还需要水分和二氧化碳的参与。植物从根部汲取水分。二氧化碳是一种气体，由一个碳原子和两个氧原子组成。因此被人们称作二氧化碳（CO_2）。

　　"植物通过叶片表面的气孔吸收光能。它们利用太阳光的能量，将二氧化碳分解成碳和氧气。氧气被它们排放到空气中，用于动物和人类的呼吸。碳则被它们保存并将其转化成糖。"

　　这时，格鲁比打断布鲁诺·埃格诺夫说道："啊，那也就是说，糖其实就是被储存的太阳能！"

---

②埃布纳特-卡佩尔（Ebnat Kappel）：位于瑞士东北部，隶属圣加仑州。

二氧化碳

二氧化碳

糖

水

"是的，没错。当我们想要再次使用这些被储存的能量时，我们就需要氧气。氧气和糖结合会释放出储存的能量。有了这些能量，我们就能活动自己的肌肉，就连思考也需要消耗储存在糖里的能量。在释放能量的过程中会产生废弃物——水和二氧化碳，它们往往是通过尿液和呼吸被排出体外的。植物又再次吸收这些水和二氧化碳，并在太阳光的帮助下生产新的糖。这其实就是一个不断在进行的循环。"

格鲁比把一块蛋糕塞进嘴里，说道："注意啦，我现在正在给自己补充能量。"

我们每天应该摄入多少糖？

我们的细胞需要糖，并不意味着我们要吃大量的糖。甜饮料、小熊软糖或者糖果中所含的糖会很快地被身体吸收，以至于它能立刻产生比实际需要多得多的能量。于是，身体就会将这些多余的能量转变成一种能被储存的能量形式，即脂肪。也就是说，如果你吃很多的甜食，那你就会长胖。比较可行的做法是，我们可以通过食用全麦面包、燕麦片、米饭或者土豆来获取糖分，因为身体需要更长的时间来将淀粉转化为糖。这么一来，糖分就可在几小时内持续为身体提供能量了。

温室效应

接着，他们来到了一个温室。"这里面也太热了。"格鲁比抱怨道。

"这就是著名的温室效应。"布鲁诺·埃格诺夫说道。

"我们在气象站的时候就已经听说过这个了。由于大气中含有过多的二氧化碳，所以地球开始出汗了。"格鲁比回忆道。

"对，它的工作原理和这个温室完全一样。太阳光很容易穿透温室的玻璃。当它到达一个固体物体上面，例如温室的地板上时，会被这个表面吸收，并被转化成热能。这些热能和光一样，也是由辐射组成的。不同的是，光线可以直接穿过玻璃，而热辐射则不能。换句话说，它们被困在温室里了。由于更多的太阳光不断进入温室并转化为热量，这里就越来越热了。"

"这太疯狂了！"格鲁比喊道，"那这和现在的地球有什么关系呢？"

"我们呼出的二氧化碳，其作用和温室中的玻璃相近。它让太阳的光能够照射到地球上，却也将热能挡住了。也就是说，存在于大气层高处的二氧化碳就像一层薄薄的玻璃罩，把整个地球罩住。它造成的这种绝缘作用被称为'温室效应'。

"如今大气中的二氧化碳含量不断增加，这加剧了温室效应，并导致大气层的温度不断升高。"

"这些多余的二氧化碳究竟是从哪里来的？"格鲁比问道。

"这个问题让我们在乘坐蒸汽机车的时候再解答。"布鲁诺·埃格诺夫回答道。

来自煤炭、石油和天然气的能源

    布鲁诺·埃格诺夫邀请格鲁比和孩子们一起乘坐阿莫尔快车。 这是一列蒸汽火车。火车司机必须不断用煤和热水加热锅炉，来产生蒸汽。产生的蒸汽通过管道被运送到蒸汽驱动装置，并在那里被转化成动能。

格鲁比仔细地观察着其中一块煤炭。突然间，他发现里面有些东西，好像是一种植物叶子的印记。"这有可能是蕨类树叶的残骸。"布鲁诺说。"但这片树叶为什么会在煤炭里？"格鲁比问道。"煤炭就是树叶。"这位能源大使说道，"煤炭是由3亿年前在地球上生长的森林的木头、树枝和叶子的化石块组成的。当时，地球上甚至连恐龙都还没有。由于煤炭是由石化的生物组成，即化石，所以也被称作化石燃料。"

煤炭

如今，煤炭只存在于地下深处。而储存在其中的碳也被永远排除在碳循环之外。然而我们把这些煤炭从地底挖出来，将它作为燃料来发电。在蒸汽机车中，我们通过加热大型锅炉来发电。然而，蒸汽并不是直接进入驱动器，而是进入一个"涡轮"。它有一个由蒸汽压力驱动的轮子。这个轮子使一个巨大的发电机运转，将动能转换成电能。

煤炭和其他化石能源的燃烧会导致大气层中二氧化碳的含量增长。空气中的二氧化碳含量急剧增长已经导致世界气候自1850年以来变暖了1.1摄氏度（截至2020年）。

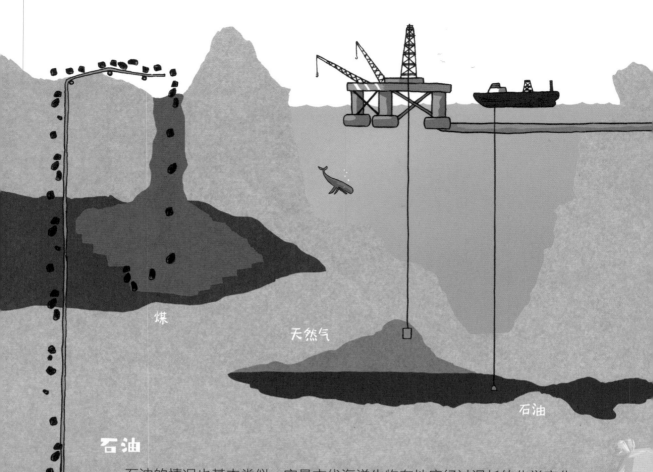

煤

天然气

石油

石油

  石油的情况也基本类似，它是古代海洋生物在地底经过漫长的化学变化而形成的。因此石油也是化石燃料。我们以石油为原料生产汽油和柴油等其他产品。当它们在发动机内燃烧时，也同样会向地球的大气中释放二氧化碳。

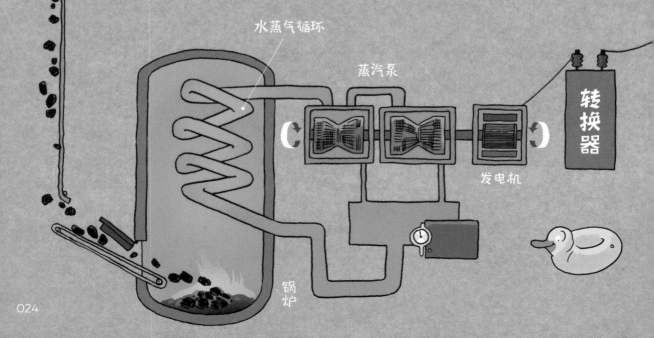

水蒸气循环

蒸汽泵

转换器

发电机

锅炉

天然气

第三大能源是天然气，它也是来自地底深处。我们钻探天然气储层，把天然气运输到地面，并将它们储存在大型球型压力罐中。它可以用于燃气灶，也可以像煤一样用于发电。同样地，燃烧天然气也会导致空气中二氧化碳含量的增加。

用途广泛的石油

石油不仅可以被加工成汽油和柴油，还能被加工成其他许多产品，如润滑油和润滑脂，它们不仅用于自行车的润滑，还会被用于机械工程的其他地方。石油还可以被加工成塑料，塑料又能进一步被用于玩具、橡胶垫或者沙拉碗的生产。被称为石蜡的蜡烛，也是由石油制作而成的。许多用于皮肤护理、防晒和化妆的面霜也是如此。药品的生产也往往需要用到含有石油的辅料。

甚至牙膏和婴儿面霜的制造也是以石油为基础的。我们的食物中也含有许多石油产品，尤其是即食食品中所含有的色素和调味剂，它们通常是由石油加工而成的。它们还存在于水果酸奶、茶、糖浆、冰激凌和水果软糖中。有些色素是不健康的，它们可能会导致过敏，大量服用甚至可能会造成精神的过度兴奋。

石油燃料的优点与缺点

优点：

——石油的能量密度非常高。也就是说，根据汽车的情况不同，使用 1 升汽油（＝700 克）最多可行驶 20 千米。

——可以在桶里储存很长时间，且不会损失能量。

缺点：

——燃烧的过程中会向大气排放额外的二氧化碳，加剧全球变暖。石油产品每千瓦时（请参阅第 47 页的"能源小词典"部分）会产生超过 1000 克的二氧化碳。

——石油的开采和运输破坏了大自然，导致了海洋和陆地一次又一次的、大规模的污染。其中一个原因是用于运输石油的油船维护不当。我们经常会看到，又有油船搁浅或沉没了。石油泄露污染了大片的水域和海岸地区，造成大量鱼类和动物的死亡。

处于危机中的海洋

石油通过油轮运输到全世界，然而在这个过程中却频繁发生事故。油轮撞上了礁石，船上发生了火灾，或者和另一艘轮船相撞。这些都有可能导致油轮发生泄漏，石油漏出。每年全世界都会发生好几起这样的事故。

这对海洋和它的居民来说是一场灾难。石油会在水面上形成一层粘稠的有毒薄膜，粘在所有与之接触的动物身上。这使许多海鸟、海獭、海豹、鲸鱼和鱼类丧生。之后，这些石油会沉入海底，继续危害其他动物，如海螺和螃蟹。

煤是怎样形成的?

　　今天人类使用的煤,大部分都是在 3 亿年前的石炭纪时期形成的。那时候地球上还没有人类,就像能源大使之前所说的那样,那时候甚至还没有恐龙。当时地球上到处都是蕨类植物,它们高达 20 米。

这些蕨类植物大多都生长在沼泽地中。当这些植物枯萎或者被大风刮倒时，它们并不会腐烂，因为水中缺少必要的氧气，因此，这些植物就被一直保存在沼泽地中，也就没有二氧化碳被释放出来。这么一来，储存在这些植物中的碳就被排除在碳循环之外。结果，大气中二氧化碳的含量在数百万年中慢慢减小，气候也因此逐渐变冷。

在当时，沼泽地被大海或河流暂时或永久淹没的情况经常发生。这就在这些植物上方覆盖了一层泥浆，并且包含植物碎片的那层被不断压缩。泥浆越多，它就越重，也就越能把枯木推到地底更深的地方。这一过程通常会持续上千年。

越往下陷，泥浆层对枯木施加的压力就越大。这就把水和蕴含的所有空气都从沼泽地里挤了出来，于是植物就被完美地保存起来了。

煤炭层

煤炭层

由于越到地球内部就越暖和，所以温度也随着深度的增加而上升。随着时间的推移，植物进入了一个超过 100 摄氏度的高温层，它在那里被烤干了。在这个过程中，植物在几百万年的时间里被石化，变成了煤。

煤炭的优点和缺点

优点：

——和石油产品一样，煤炭的能量密度非常高。1 千克煤炭提供的能量和 2 千克的柴火相同。

——想储存多久就储存多久，而且不必担心能量的亏损。

缺点：

——燃烧时会向大气排放额外的二氧化碳，这加剧了全球变暖。煤炭每千瓦时会产生超过 1000 克的二氧化碳。

——煤炭的开采会对环境造成破坏。例如，它会严重改变景观。为了到达下面的煤炭层，有时甚至要把整个山顶移平。当雨水降落到暴露的煤炭上时，它会吸收大量的矿物质和重金属，这有可能会污染河流、海洋和地下水。

石油和天然气是如何形成的？

石油、天然气的形成过程和煤炭相似。不同之处在于，石油和天然气并不是从以前的沼泽森林中形成的，而是来自原始海洋里的藻类和动物的尸体。

但和蕨类植物一样，海洋中这些有机残骸也是由碳物质组成。已经死亡的藻类和动物尸体沉到了海底，那里同样也缺少氧气，因此这些尸体并不会腐坏。随着时间的推移，这里产生了淤泥，它们含有非常丰富的碳。

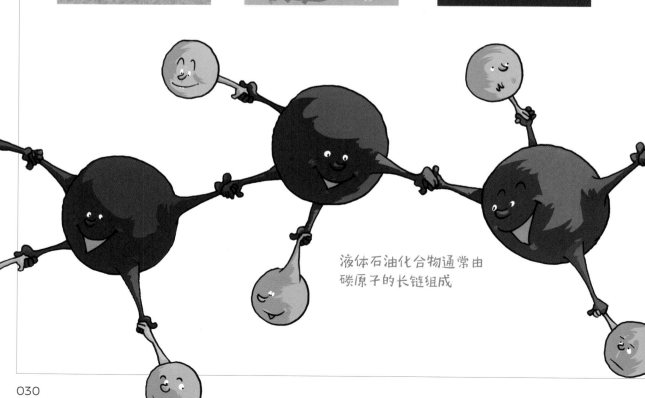

液体石油化合物通常由碳原子的长链组成

天然气的优点与缺点

优点:

—— 想储存多久就储存多久，而且不必担心能量的亏损。

缺点:

—— 燃烧时会向大气排放额外的二氧化碳，这加剧了全球变暖。

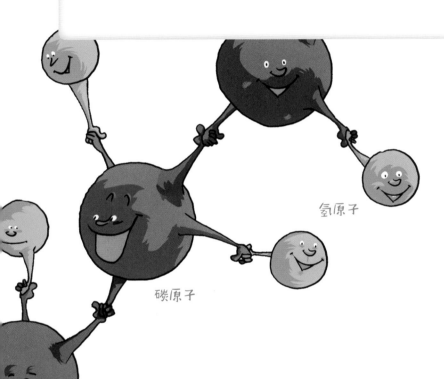

氢原子

碳原子

数百万年以来，它们被其他沉积物所覆盖并向下挤压，如由单细胞生物或藻类的外壳残骸形成的钙质软泥。它们所处环境的压力和温度也随之上升。由于藻类和动物躯体不像木头那么坚硬，它们无法在这种情况下石化，而是转化成了一种黑色的液体——石油。在 60 ~ 120 摄氏度的温度下，主要形成石油；在 120 ~ 180 摄氏度的温度下，则会形成天然气。因为当温度升高时，碳化合物会分解成更小的微粒。它们不再是液体状的，而是气体状的。

远离泥炭

除了硬煤、石油和天然气之外，泥炭的开采也对气候产生了重大影响。湿地泥沼泽是泥炭藓生长的地方。每株小苔藓植物看起来就像一棵小树。它们迎着阳光不断向上生长。植物的下半部分留在水中，并随着时间的推移而死亡。就像蕨类植物一样，死掉的泥炭藓马上被保存在水中。这么一来，泥沼地数千年来一直在吸收大气中的二氧化碳，并以碳的形式将其储存。这是剩余石油和天然气储量的两倍。

由于泥炭的良好特性，它是非常受欢迎的园艺材料，常被用作盆栽、苗圃或园林建筑的土壤。它既能像海绵一样蓄水，又有很好的透气性，这正是植物所喜欢的。然而，当我们挖出泥炭并将其用于盆栽或园林建设时，细菌会分解泥炭，并在短短几十年内将其重新变成二氧化碳。一袋 20 千克的泥炭会向大气中释放的二氧化碳，相当于汽车燃烧一箱汽油所产生的二氧化碳的量。

此外，在开采泥炭时，沼泽地会被抽干。这么一来，氧气进入土壤，泥炭在沼泽中开始被分解，并向大气中释放出大量的二氧化碳。在全球范围内，每年仅泥炭所产生的二氧化碳含量就占温室气体排放量的 6%。这也破坏了越来越多的沼泽地，使许多动物和植物失去了它们的栖息地。

园艺中心

最大的生存危机

2.52 亿年前，地球上发生了很可怕的事情：90% 的海洋生物和绝大部分的陆地动物都灭绝了。造成这种现象的原因是持续了数十万年的巨大火山喷发。人们很难相信，这次火山喷发居然持续了那么久。

因此，大量的二氧化碳被排入大气中。这么一来，地球上的温度升高了 10 摄氏度。这一巨大的环境变化导致了地球历史上最大规模的物种灭绝。

当时，地球上的生物种类非常丰富。第一批恐龙生活在陆地上；两栖动物在湖岸边生活着，它们长得和今天的狗一样大；贝壳、海螺和有颌鱼类充斥着整个海洋。此外，还有许多鲨鱼。温度的过度升高导致了大部分生物的灭绝，仅有为数不多的生物在这场气候灾难中存活了下来。此后，这些幸存者花了整整 900 万年的时间才进化成与大灾难前相同数量的新物种。

在大规模火山爆发后的数百万年里，空气中的二氧化碳浓度又逐渐下降。陆地上的植物以及海洋中的藻类吸收这些气体，并将它转化成碳物质，这些碳物质之后会变成煤炭、石油和天然气。

通过今天对这三种化石燃料的开采和燃烧，我们又以二氧化碳的形式，将储存在其中的碳物质释放出来。如此一来，就发生了与2.52亿年前火山爆发时同样的事情：大气中富含过多的二氧化碳。

换句话说，我们如今正处于一场新的生存危机中。如果我们继续燃烧石油、煤炭和天然气，很有可能会导致大批动物和植物物种的灭绝。届时，地球是否还适合人类居住呢？

今日之危机

今天，我们正以前所未有的速度往大气中排放二氧化碳。在过去的 200 年间，大气中二氧化碳的含量增加了 40%。正如我们前面所提到的那样，导致了气候的变化。

这首先表现为气温升高。自 1850 年以来，由于过多的二氧化碳，大气层已经变暖了 1.1 摄氏度（截至 2020 年）。然而，这只是一个平均值。也就是说，有些区域的温度急剧升高，而有些区域的温度则下降了。例如，在亚速尔群岛或格陵兰岛的南端，那里的温度下降了 0.5 摄氏度。而在地球的其他地区，如西伯利亚和中国，温度则上升了 2 摄氏度。在过去的 150 年里，阿尔卑斯山有一半的冰川已经融化。

温带和寒带的变化导致了全球气候的变化。 例如，风改变了方向，把云和雨带到了以前干燥的地区，这有可能会导致洪水。 风向的转变也会导致其他地区缺少足够的云和雨。 在极端情况下可能会出现干旱，例如在西班牙和澳大利亚。

在瑞士，人们也能感受到气候的变化。 夏天变得更加炎热了，温度频繁超过 30 摄氏度。 此外，山区的永久冻土正在融化。 这意味着所谓的"永冻的"冰川正在解冻。当它融化时，地面就会变得不稳定。 许多建筑物也就失去了它们的支撑。

气候变化对大自然的影响

气候变化已经给许多动物和植物物种带来了问题，其中最著名的就是北极熊。它的栖息地——浮冰——正在快速地融化。除此之外，还有许多物种的生存也受到全球变暖的影响。

例如生活在瑞士的岩雷鸟，它们适应寒冷的生活。它们的羽毛有很好的保温性，以至于它们可以完全钻进雪地里而不会被冻死。它们主要生活在林木线以上的区域。由于气候变暖，林木线不断升高，岩雷鸟也必须飞到更高的高度。因此，它们的栖息地不断缩小。如果气候持续变暖，到 2070 年，岩雷鸟的分布区可能会减少 2/3。

高山植物也承受着压力。对它们来说，最大的问题是来自低海拔地区的植物。由于气候变暖，这些植物突然可以在更高海拔的地区生长。现在，它们需要和古老的山地植物例如龙胆花或雪绒花争夺生存空间和营养物质。在最坏的情况下，一些山区植物可能会灭绝。

然而在高原地区的动植物也面临着气候变暖的问题，尤其是那些生活在池塘和湖泊或湿地（如冲积平原或沼泽）的物种。这些栖息地正在逐渐干涸，一些沼泽将完全消失，许多池塘和湖泊可能变小。这意味着两栖动物，如产婆蟾蜍或树蛙的栖息地也将变小。

鱼类的生存也变得更加困难。它们无法在干涸的池塘或河流中生存。

气候变化还会对水域产生影响。当水温过高时，鱼类就会死亡。许多有机物也无法忍受这种情况，尤其是珊瑚。当海洋温度超过 30 摄氏度时，它们就会死亡。在世界范围内，海洋变暖已经破坏了五分之一的珊瑚礁。如果这种情况继续发展下去，到 2050 年，多达 90% 的珊瑚礁可能会灭亡。

气候变化对人类社会的影响

　　气候变化也会对我们的社会产生影响，例如我们的农业发展。如果没有水，我们就无法灌溉植物。但我们要有足够的食物，就必须耕种。这意味着农民不得不耕种他们的田地，然而水费很贵。也就是说，食物也有可能因此变得越来越贵。

　　在瑞士，绝大部分人都能负担得起越来越贵的日用品，但在其他贫困地区生活的人是无法承受食品价格的上涨的，那里有可能就会发生饥荒。如果这种情况一直持续下去，就会有许多人想要逃离，他们就成为像塔拉和埃内里一样的气候难民。

　　如今，全球大概有 2000 万的气候难民，他们因为气候、干旱和飓风等极端气候事件不得不离开自己的家园。如果气候变化不受控制，到 2040 年，这个数字可能将是现在的 10 倍。

在野餐中，塔拉和埃内里讲述了他们在基里巴斯的生活是如何受到气候变化影响的，格鲁比很感兴趣地聆听着。"你也知道，气候变化导致冰川融化。这不仅发生在瑞士，还发生在格陵兰和南极。冰川融化的水流进海洋，导致海平面上升。"塔拉说道，"我们岛屿的一部分已经被上涨的海水淹没了。有一次，我们不得不把整个墓地搬走，因为水要把它冲走了，我奶奶的坟墓也在那儿。我的父母把她的骨头都挖出来，然后安置在另一个新的墓地，这真的是个悲伤的故事。"

一些国家由于气候变化导致饮用水稀缺。这些国家之间常常会发生争端，有时甚至为了争夺剩余的水资源而发生战争。例如，在印度的某些地区，水是通过卡车运送到人们手中的。但是这依然不够。人们通常会激烈地争论，究竟每个人可以装多少桶水。在一些国家，农民为了争夺水源而争端不断。他们还会使用武器，有时甚至会造成人员伤亡。

远离石油、煤炭和天然气

　　为了减少二氧化碳的排放，阻止气候继续变暖，我们必须减少，甚至放弃使用煤炭、石油和天然气这三种能源。我们可以改用其他不排放二氧化碳的能源，而不影响驾驶汽车、照明、烹饪和使用电子设备。例如有一些太阳能电池，它们能直接将太阳光转换为电能，或者是风力涡轮，它们可以在风的帮助下产生电能。

　　这些新能源不会产生额外的二氧化碳，也不会使气候继续变暖。而且它们还取之不尽用之不竭，因此它们也被称作"可再生能源"。相应地，煤炭、石油和天然气则被称作"不可再生能源"。从不可再生能源到可再生能源的过渡被称作"能源转型"。

由于
能源转型
而关闭

有机颜料

　　格鲁比、塔拉和埃内里想要立即将能源转型付诸实践。他们在一个加油竖立了一个牌子，上面写着：由于能源转型而关闭。然而司机们对此并不买账，他们愤怒地按着喇叭。过了一会儿，加油站的服务员愤怒地从里面跑了出来，结束了这场喧闹。

　　格鲁比和他进行了交谈。"你为什么还继续卖汽油？"这个职员回答道："那我到底应该做什么呢？如果我不卖汽油，我就赚不到钱。那我要怎么支付我的那些账单？我要怎么购买食物？我要怎么交房租？""你应该卖太阳能电池，而不是石油。"格鲁比建议。"但人们买太阳能电池干吗呢？他们的汽车使用的是汽油，而非电力。"格鲁比陷入了沉思，能源转型的实施比他想得要难，仅仅禁止汽油是行不通的。

政府的能源战略

瑞士政府也致力于推动能源转型，它将未来能源供应的计划称作"能源战略2050"。"能源战略2050"一方面旨在扩大水电以及其他可再生能源的使用，如太阳能、风能和生物质能；另一方面，它计划在建筑、电器和运输中更有效地使用能源。同时，每个人的能源消耗也应该减少。例如，可以通过改善房屋的隔热保温性能，使其减少供暖能源。

挑战和阻力

能源转型并非易事，正如格鲁比注意到的，它有许多的阻力。其中最大的一个困难就是资金。建设风力涡轮、光伏以及水电厂都需要大量的资金投入。就交通运输而言，能源转型也是很昂贵的，因为得用电动汽车取代所有石油燃料汽车，这就需要大量的充电站。同样地，给所有房子加装保温绝缘材料，用热泵和地热取代石油暖气，这都不便宜。并不是所有的国家、公司和私人企业都愿意为此投资，尽管从长远的角度来看（在 10 ~ 20 年内），可再生能源比石油供暖更便宜。

也有许多来自政治和经济上的阻力，而钱在这其中扮演了很重要的角色。能源转型有可能导致石油公司和煤炭发电厂无钱可赚，也就是说，这些公司必须要倒闭。这

样他们就无法支付税金，这么一来，国家的财政收入就会减少。除此之外，还有许多人会失业。

另外，有很多民众也对可再生能源持保留意见。例如有的人很反感风力涡轮机，因为它们在运行的时候噪声太大，而且它们还改变了景观。

采取节能措施

在瑞士，联邦政府和州政府都扶持房屋的隔热保温层的建造，用可再生能源的供热系统取代石油、天然气和电力供热系统，或建造太阳能系统。在挪威，驾驶电动汽车的人不需要支付汽油税或使用道路的费用。除此之外，在许多城市里还设有免费的电动汽车停车位。从2025年起，将禁止销售燃油汽车。在西班牙，国家鼓励购买电动车，提供上千欧元的补贴。通过这些措施，购买电动车突然比购买汽油车要更便宜了。在瑞士，预计从2026年起，新建筑将禁止使用燃油加热系统。这意味着到时候就只能安装使用可再生能源的供热系统。

图根堡能源谷

瑞士"图根堡能源谷"发展协会主要通过能源建议、创新项目和活动，能源教育和交流来扶持当地低二氧化碳能源产品的生产以及能源的有效利用。到2034年，图根堡将成为一个"能源自给自足"的地区，也就是说山谷一共需要多少能量，他们就能提供多少能量。个人、企业和公共部门共同合作，努力实现这个目标。同时，"图根堡能源谷"正在为实施国家能源转型做出贡献，并因此在瑞士发挥着榜样作用。

能源小词典

碳足迹：碳足迹可以告诉你，在制造产品或开展活动的过程中，有多少二氧化碳被释放到大气中。这包括原材料的提取、运输和清除。

例如，生产一瓶来自商店的水释放了多达 500 克的二氧化碳，因为用卡车运输时使用了柴油。同样，装瓶厂使用的一些电力也来自燃煤电厂。

灰色能量：所谓的"灰色能量"指的是生产、存储、运输和回收一个产品时所需要的耗能。例如，为了生产一双鞋子，就需要消耗 8 度电。这能量足够让一台洗碗机工作 8 次。

当瑞士进口这些鞋子的时候，它也进口了隐藏在其中的灰色能量。穿这些鞋子的人，也在消耗这些灰色能量。这就像是一个人在国外给他的电动牙刷充电，然后再把它带回瑞士刷牙。

千瓦时：我们用升来准确计量浴缸里的水，我们用米来计量到下一个车站的距离。能量同样也有自己的计量单位，它叫"千瓦时"。1 千瓦时的能量，大概相当于为 4 口人做饭，或用 1 小时的吹风机来吹头发所需要的能量。

人们经常听到太瓦时这个计量单位。它相当于 10 亿千瓦时，利用它，你可以为温特图尔的所有居民（约 10 万居民）在余生中每天做午餐。还有兆瓦时，它相当于 1000 千瓦时。

可持续发展：与能源使用有关的可持续性意味着我们只使用不会危及人类、动物和植物生存的能源。我们的能源遵循这个原则：即能使后代的生活质量和我们现在一样好，或者比我们更好。例如，继续使用化石燃料就不是可持续的，因为这会加剧气候变化。

太阳热能

在对太阳能的使用上，最简单的方法就是将光能转化成热能。"这真的很简单！"格鲁比叫道。他用放大镜在报纸上烧了一个小孔。然后他把放大镜递给埃内里。"你也试试吧。"格鲁比说道，"但你得注意，千万别把放大镜对着你自己，否则你会被烧伤的！"

埃内里也在报纸上烧出了一个小孔，他对此感到很惊讶。"这是为什么呢？"

"放大镜将太阳光聚集到一个所谓的焦点上。"格鲁比解释道，"你改变放大镜和报纸之间的距离，直到那个焦点刚好在报纸上，那里就会马上变得很热，然后就会燃烧起来。"

在没有反射面的时候，太阳能也是可以被捕获的。布鲁诺·埃格诺夫给格鲁比和孩子们做了个示范。他拿起一块白色石头和一块黑色石头，然后把它们放到阳光底下。几分钟后，他说道："你们现在可以用手同时去触摸这两块石头。你们发现有什么区别吗？"

塔拉是第一个去摸的。"有！黑色的石头比白色的石头热多了！"埃内里陷入深思。"颜色和温度有什么关系吗？"

格鲁比知道答案。他仔细地观察这块石头。"当然有关系啦！浅色的石头会将大部分的太阳光线反射掉，所以它才会特别让人眼花。而黑色的石头则基本不会。也就是说，黑色的石头把大部分的光线都吸收了，并将其转化成热能。"

黑色涂料

太阳能集热器

冷水

热水

这种效应也被运用于所谓的"太阳能集热器"。太阳能集热器是一个附着黑色薄膜的平板，底下是水循环的管道。黑色薄膜将太阳光线转化成热能，并将热能传递到水中。这些热水流到地下室，并通过一个热交换器将热量转移到房子的供热系统中。

热交换器

暖器

冷水

太阳能集热器的优点和缺点

优点:

——太阳能取之不尽用之不竭。

——只有在建造和拆除太阳能集热器的时候才会释放二氧化碳。平均下来，每生产 1 度电会排放 10 克二氧化碳。

——装置本身并不显眼，可以很自然地融入屋顶和外墙的环境。

缺点:

——只能在白天生产热量。

——冬天的时候，中欧地区太阳光照较弱。在这个季节，太阳能集热器可能只能收集到很少的热量。

人类历史上的能源转型

 烹饪 木头

供暖 木头

照明  木头

工作
人体的肌肉力量

交通运输    风
人体的肌肉力量

公元前 400万年	公元前 12000年	公元前 7000年	公元前 4000年	公元前 2000年	公元前 1200年

煤炭　燃气　核能　煤炭发电　可再生能源

煤炭　泥炭　燃气　石油　可再生能源

燃气　石油　核能　煤炭发电　可再生能源

煤炭产生的蒸汽　石油　煤炭发电　核能　可再生能源

煤炭产生的蒸汽　石油　可再生能源

1700 年　　1800 年　　1900 年　　2000 年

动物脂肪

蜂蜡

鲸油

水力

风

动物肌肉力量

动物肌肉力量

公元前
500 年

公元前
400 年

0

1200 年

1600 年

光伏发电

另一个使用太阳能的方法是光伏发电，即利用太阳能组件将太阳光直接转化为电能。格鲁比想要进一步了解这种技术，于是去拜访了位于瓦特维尔[③]的赫格股份有限公司[④]。该公司已在其屋顶上安装了瑞士东部最大的光伏系统之一。然而今天下雨了，所以其实这并不是一个适合太阳能发电的日子。博世先生出来欢迎格鲁比。他给格鲁比套上一件防雨用的披肩，并把他带到了屋顶上。"这个光伏板每年可以生产100万度电，可以为200多户独立式洋房提供电力。"博世先生解释道。

太阳能电池板的工作原理

在太阳能电池板中，有被称为电子的小型负电荷粒子。当太阳照射到太阳能电池板的顶部时，电子会上升到顶部。随后它们又被电缆从那儿引回底部，从而形成一个连续的回路，以这种方式产生的电子流就是电流。

光伏发电的优点和缺点

优点：

——太阳能取之不尽用之不竭。

——只有在建造和拆除太阳能电池时才会释放二氧化碳。平均每生产1度电会释放出30克二氧化碳。

——装置本身并不显眼，可以很自然地融入屋顶和外墙的环境。

缺点：

——晚上无法发电。

——在冬天，中欧地区的太阳光照比较弱。因此在这个季节，太阳能电池生产的电量很少。

---

③瓦特维尔，位于瑞士东北部，受圣加仑州管辖，面积51.19平方公里，海拔高度610米。

④赫格股份有限公司，公司成立于1905年，旗下由包括赫格生产技术股份有限公司、赫格电梯系统股份有限公司以及赫格工程股份有限公司组成。

格鲁比说："也就是说，这个房顶完全就是一个发电站！"

"是的，"博世先生回答道，"赫格股份有限公司将其生产的电力出售给当地的能源厂，然后能源厂再将电力出售给瓦特维尔的居民。为此，太阳能电池板被连接到电网中。当天气晴朗的时候，电流自动流入电网中。电流表可以测量赫格的装置所生产的电量。"

格鲁比看到，太阳能面板上有脏水。"应该有人来把这些清理干净。"他说道。博世先生脸上露出大大的笑容，"现在就能清理。今天是我们的清洁日。我们每年都要清理一次，把面板上的灰尘和污垢清扫干净，以便光线能再次无障碍地照射到太阳能电池上。我们只有下雨时才会清洁，因为雨水会把石灰污渍冲走。"

他递给格鲁比一把扫把。"好吧。我先是被淋湿了，现在又得帮忙打扫。"格鲁比并不是很激动。但过了一会儿，他突然笑着说："现在这就叫清洁电力！"

光伏太阳能集热器

位于拉珀斯维尔的 SPF 太阳能技术研究所，正在研究如何从房屋屋顶更好地收集太阳能。 格鲁比在那里遇到了研究员米哈伊拉 - 杜迪塔。 她向他展示了一种非常特殊的太阳能电池："用这个我们可以同时从太阳光中产生电力和热量。"格鲁比感到震惊："也就是说，它既能为房屋供电，又能提供热水和暖气。"

"这个系统的水温只达到约 40 摄氏度。 与达到 70 摄氏度的纯热能太阳能集热器相比，这个温度有点儿低，只能部分满足供暖或地暖的需要。 但你可以用它来运行热泵或加热室外游泳池。"

"为什么人们要同时从屋顶获得电力和热量呢？ "格鲁比想知道。"因为我们可以通过这种方式冷却光伏电池。 而冷的电池比热的电池能够提供更多的电力。 我们可以通过这种方式从屋顶多获得大约 5% 的电力。"米哈伊拉解释道。

光伏太阳能集热器的优点和缺点

优点：

——太阳能的供应十分丰富。

——只有在建造和拆除太阳能电池的时候才会释放二氧化碳。平均每千瓦时产生 40 克二氧化碳。

——这种设备比其他太阳能集热器效率更高。

——光伏太阳能集热器可以在屋顶同时产生太阳电能和太阳热能。

缺点：

——晚上无法生产电能和热能。

——欧洲冬天的太阳辐射比较弱，因此产生的电能比较少。

——水温比纯热能太阳能集热器要低。

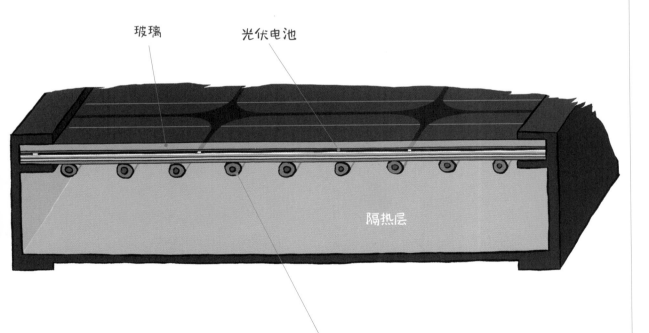

玻璃　　光伏电池

隔热层

输水管

利用太阳能驾驶

格鲁比听说马库斯·艾普利不仅能把太阳能转化为电能，还能把它转化为动能。"我要去拜访他！"格鲁比说道，"事物仅仅依靠光的力量就能移动，这也太神奇了！"

马库斯·艾普利是制作太阳能汽车模型的专家。格鲁比在他的工作室里见到了这位专家。他好奇地看着马库斯·艾普利将建造所需的材料放到工作台上。那上面有木轮、塑料制成的齿轮、一个电动马达、金属棒、许多螺丝钉和一个光伏电池，它只有一张明信片那么大。

马库斯·艾普利说："首先我们要建造一个车身，这是我们汽车模型的所有非移动部件。"格鲁比用钢锯锯下两块漂亮的胶合板。"看，第一块是用于车辆的前部，第二块是用于后部。现在我只需要把它们拧在一起！"格鲁比说。

现在轮到轮胎和驱动装置了。格鲁比的模型车上只有一个前轮。为了固定两个后轮，他将它们都移动到同一根金属棒上。这就是车轴，他之前已经在上面装了一个大大的齿轮。

"现在你可以把电动马达装上去。这是汽车的驱动装置。"马库斯·艾普利解释道。格鲁比用一些金属固件将电动马达固定在了车身上。他在电动马达的电机轴上装了一个小齿轮。小齿轮的齿和电机轴上的大齿轮的齿相啮合。这样一来，电动马达旋转所产生的能量就被传输到车轮上了。

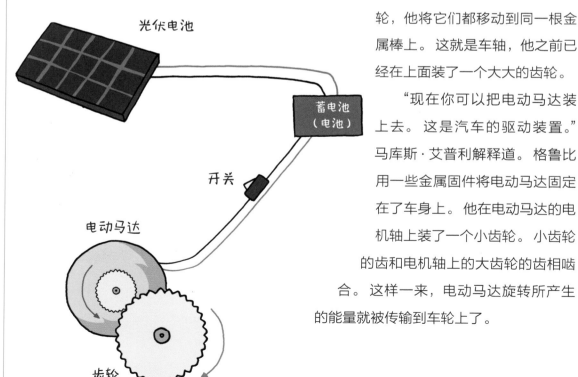

光伏电池

蓄电池（电池）

开关

电动马达

齿轮

　　"我们的汽车已经快做好了！"马库斯·艾普利对格鲁比说道，"现在我们还必须用两根电线将太阳能电池和电动马达连接起来，然后你的车就能飞驰了！"格鲁比很快就把电线焊好了，并带着他的太阳能汽车跑到外面。他一出门，光线落在光伏电池上，汽车轮子就开始疯狂地旋转。他把车放在地上，看着它飞驰而去。

　　"太棒了，这真的很快！"格鲁比感到非常高兴。突然间，一片厚厚的乌云飘来，把太阳遮住了。太阳能汽车瞬间就停下了。"不是吧，"格鲁比说道，"现在该下班了。没有太阳，我的汽车就没法动。"然而马库斯·艾普利知道如何解决这个问题：他和格鲁比一起，在太阳能电池组件和电动马达之间装了一个小的蓄电池。这种蓄电池不仅能够提供电力，还能在电量耗尽之后被再次充电。另外还有一个开关，通过它可以控制电动马达的开与关。

　　"当汽车在阳光下行驶时，电池会马上被充满。当有云的时候，它所有的电力都自动来自蓄电池，它还是可以继续行驶。"马库斯·艾普利解释道。"啊！我明白了！"格鲁比说，"而且有了这个开关，我可以时不时地关闭发动机。这样我既省电又可以在阳光下为电池充电，这比我一直开车兜风要快得多。我甚至可以在晚上开车了！"

电动汽车

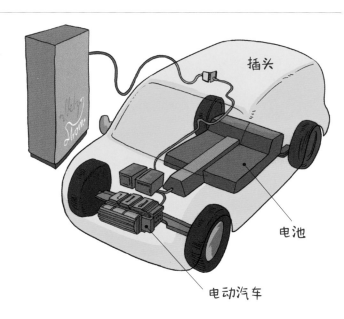

充电桩

插头

电池

电动汽车

布鲁诺·埃格诺夫在一家租车公司发现了一辆电动汽车。于是他便租了一天，并邀请格鲁比和孩子们一起去试驾。格鲁比一看到车就跳到方向盘后面，按下"开始"按钮，把车挂上前进挡，他们咆哮着离开。布鲁诺被突然的加速压在座位上。汽车在不到6秒钟的时间内达到了80千米每小时的速度。"慢一点儿，格鲁比。"布鲁诺·埃格诺夫说道，"就发动机道变速箱的动力传输而言，电动车比汽油车好得多。这就意味着你必须更加小心地使用油门。否则人们会以为你是赛车手。"

当他们开车上山时，格鲁比瞥了一眼仪表板，注意到电池只有10%的电量了。他皱起眉头，问道："你认为电池里的电量足以让我们回去嘛？""别担心，当我们开下山时，电池会自动充电。"

"这是为什么呢？"格鲁比问。"这辆车的刹车装置比较特殊。每当你踩下刹车，安装在发动机和变速器之间的发电机就会启动。这个发电机将旋转的动能转化为电能。这和自行车发电机的原理相同，而转换是需要动力的。这就是为什么当发电机运行时，你必须加倍努力地在自行车上踩踏。电动汽车就是用这个力来刹车的。踩刹车越用力，产生的电力就越多。"在下坡时，格鲁比用力踩下制动踏板。他以蠕动的速度从山上下来，这导致了身后的交通堵塞。格鲁比说："抱歉，我目前正在发电，让我们能开车回家。"当他们到达山脚时，电池电量再次显示超过 50%。"我们现在可以轻轻松松回到租车公司了！"格鲁比说。

水力发电

今天，格鲁比、孩子们和布鲁诺·埃格诺夫在图尔河游泳，犒劳自己。"还好我们不用再清理太阳能面板了。"格鲁比说。然而他们还是想学点儿东西。所以他们选择在特伦佩尔水电站下面游泳。他们躺在游泳充气垫上，任由气垫在温柔的水波中漂流。"水也是另一种形式的太阳能。"布鲁诺·埃格诺夫解释道。"对，这个我知道。"格鲁比说，"海洋、湖泊和河流的水被太阳蒸发成为水蒸气。水蒸气上升到大气中并冷却下来，这会产生形成云的微小水滴。如果水滴太大，就会以雨的形式降落到地面上。这些雨水在河流中聚集后又再次流回海洋。"

"你怎么知道的这么多呢？"布鲁诺·埃格诺夫问道。"我之前去气象局专门了解了这方面的知识。在云是如何形成的这个问题上，我现在可是专家。"格鲁比回答道。布鲁诺·埃格诺夫说："太阳只不过是将水从地势较低的区域运动到地势较高的区域。

在这个过程中，它给水注入势能。当水流向海洋的时候，势能就会被转化为动能。"格鲁比接着补充说明道："而我们可以利用河流发电厂的涡轮机来捕获这些动能，并将它们转发成电能。"

在此期间，塔拉和埃内里在河岸边的沙滩上搭建了一个小的河流发电厂。他们用烤肉串签、一块泡沫塑料和几个塑料瓶制成了一个水车。埃内里挖了一条小的输水渠道，将部分河水引流至水车处，水车马上开始旋转起来。

水力发电的优点和缺点

优点：

——水力发电（蓄电厂）不受短期气候变化以及日照时间的影响。

——它很容易被控制，可以在几分钟内打开和关闭。在需要的时候，让水流流经涡轮机并发电。

——只有在建造、翻修以及拆除水电站的时候才会产生二氧化碳。平均下来，每产生1度电会排放10克二氧化碳。

缺点：

——大坝建成后，河流水流量会减少，这会影响水生生物的生活。

——用于灌溉和饮用的水量同样也会减少。

——在大坝建设过程中，大坝墙后面会形成大型人工湖。它们会淹没整个地貌和生态系统。道路、电力线或房屋等基础设施也被水淹没。住在受影响地区的人们，通常不得不搬到另一个地方去。

风力发电

风的动能也同样可以转化为电能。这甚至比水力发电更容易，它只需要一个内置发电机的风力涡轮机即可。

格鲁比和孩子们在上赫芬施维尔看到了这样一个风力涡轮机。"哇，好高啊。"塔拉说道。布鲁诺·埃格诺夫给他们介绍了风的形成过程："太阳照射到地球上时，它的光线被转化成热辐射，它们会加热空气。由于暖空气比冷空气轻，所以这些被加热的暖空气就会上升。"

"没错，"格鲁比说，"这就是为什么热气球能够飞行的原理。飞行员使用燃烧器加热气球中的空气，从而使气球起飞。""没错，"布鲁诺·埃格诺夫赞同道，"暖空气上升时就会形成气流，或者说是风。""那从侧面吹来的风是怎么形成的？"埃内里问道。布鲁诺·埃格诺夫正想回答的时候，格鲁比抢在他前面说道："我知道！当一个地方的空气上升，就必须有空气从其他地方流入，以补充上升的空气。"

"没错，"布鲁诺·埃格诺夫说道，"大多数时候，空气会从四面八方流过地面。我们觉得它们就像风一样。"

格鲁比拿起塔拉和埃内里的水轮机。通过几个简单的步骤，他将水轮机改造成了风力涡轮机。但当他伸出手臂想启动风力涡轮机时，转子叶片并没有移动。格鲁比很不解，因为大风车在均匀地转动。

"嘿，这为什么不行？"他问道。塔拉思考了一会儿，然后说道："我想，这里有许多树，所以风的速度变慢了。你得将你的风力发动机安装在一个塔架或者类似的东西上。"布鲁诺·埃格诺夫点了点头道："没错，这就是我们把大的风力发动机安装在高高的桅杆上的原因。此外，我们还需要根据风力强度来调整叶片的角度。这样的话，即使只有微风，风力发动机也能转动。"格鲁比在一个小果园里找到了一根 4 米长的棍子，并把它用作风力发动机的桅杆。现在它转得可快了。

风能的优点与缺点

优点：

——即使在晚上，风能也能发电，因为风不受日照时间的影响。

——它甚至比太阳能电池和水力发电站所产生的能源更便宜。

——它的大小和功率可以随着不同的需求而调整：既有用于海上大型发电场的巨大的风力涡轮机，也有用于城市屋顶的小型风力涡轮机。

——只有在建造和拆除涡轮机的时候才会释放二氧化碳。平均每生产 1 度电才会释放出 10 克二氧化碳。作为对比，煤电厂每生产 1 度电，就需要排放 1000 克的二氧化碳。

缺点：

——由于并不是一直都有风，所以在少风或无风的时间段里，就需要其他的补充能源。

——风力涡轮机在自然景观中非常显眼，就像高压电线一样，可能会破坏周围的景观。

——转子的叶片有可能会产生噪音，桅杆也会投下阴影。

——鸟类和蝙蝠有可能会撞上正在转动的叶片并造成死亡。

——在海上建造风力涡轮机会在水下产生大量的噪声。这有可能会伤害到海洋生物：鲸鱼会迷失方向，短时间内还有可能会丧失听觉。

抽水蓄能发电

太阳能和风能并不总是可用的。格鲁比想到了一个解决这个问题的办法："人们可以把这些能量储存在一个电池里，以便在需要时使用。"布鲁诺·埃格诺夫说："没错，你说的有道理。但要为整个国家供电的话，就需要一块非常大的电池。"他向格鲁比介绍了瑞士最大的电池之一，它位于圣加仑州最南部的塔米纳河谷。格鲁比感到非常好奇：山谷中的巨型电池？这他可一定要去看看！

他乘坐邮政车，终于到达了一个水库。在水库旁的房子门口站着一个人。"欢迎来到马普拉格抽水蓄电站，"他说，"我叫沃尔特·乌赫利，是企业的负责人。你快进来吧！"乌赫利先生带格鲁比参观了抽水蓄电站，并详细地为他做了讲解。

"可以这么说，这就是发电厂的核心。"乌赫利站在 3 个巨大的水力涡轮机前说道。"这个桨轮比我还大！"格鲁比惊叹道。"这些水来自海拔 1300 米处的另一个水库。水首先从大约 500 米高的管道中射出，最后带着巨大的压力到达这里的水轮机中，"乌赫利解释道，"水轮机将水的势能转化成电能，它们被直接输入高压电网里。那些被涡轮增压过的水储存在这里的下层水库中。"

"为什么不直接让它通过塔米纳河谷排水？"格鲁比问道。"这样不行。"乌赫利先生回答道，"我们通过一个泵把水再抽上来，泵上有一个电动桨轮。有了它，就能将水从下部水库泵入上部水库。在电能的帮助下，水被重新注入势能。

"这么一来，来自太阳和风的多余电力就能以势能的形式储存在上部水库中。如果风和太阳无法提供能量，就让水再次向下流，这样涡轮机就能再次将它转化为电能。""这个系统设计得真巧妙！"格鲁比笑道。

输电网络

电厂生产出的电力必须以某种方式分配给家庭和工厂，而这正是输电网络（简称"电网"）要做的事情。它由纵横交错于瑞士的电缆组成。这些电缆线路从发电厂通过许多分支一直延伸到住宅里。从上面俯瞰，整个结构就像一个巨大的蜘蛛网。

重要的是，电网中持续有电流通过。否则人们就无法想开灯就开灯，想开电脑就开电脑。如果电网突然断电，那火车和有轨电车将无法运行。也就是说，电厂是不能停止运行的，它必须每天 24 小时不间断地生产电力。我们每时每刻所需要的电量并不是恒定的。在晚上，我们需要的电力很少，但在中午我们则需要很多电。

电厂经理们很清楚地知道，家庭、商店、铁路或者工厂何时需要多少电力，并为电厂制定所谓的"时间表"。这个时间表规定了什么时候哪个涡轮机必须将多少水或者蒸汽转换为电能。

用电多少主要取决于有多少人在餐厅或食堂吃午餐，以及他们中有多少人会选择冷餐三明治。相应地，这就会影响厨房的用电量。也可能因为风力不够，风力发电厂无法生产预期的电量——这也是时间表所无法预测的。

如果需要的电力超过了电网的供应量，在最坏的情况下，它可能会崩溃。 为了防止这种情况出现，我们就需要国家电网公司。

　　它时刻监测着人们目前所需要的电力，并将这一数值与电厂的发电量进行比较。 "发电量减去用电量"的计算结果应该为零。 一旦情况并非如此，国家电网公司就会介入。 在必要的时候，国家电网会开启额外的蓄能发电站。 它还可以让发电厂运营商产生更多的电力，例如让水通过涡轮机的速度更快一些。 也有可能电网上的电量比实际需要的更多。 这也是非常危险的，有可能导致电网的崩溃。 在这种情况下，国家电网公司可以告知发电厂，让他们减少发电量。

　　所有的这一切都在一秒钟内极快地发生着。 大部分的命令都是由计算机直接向发电厂发出的。 只有在电量较大的情况下，国家电网公司的员工才会进行干预。

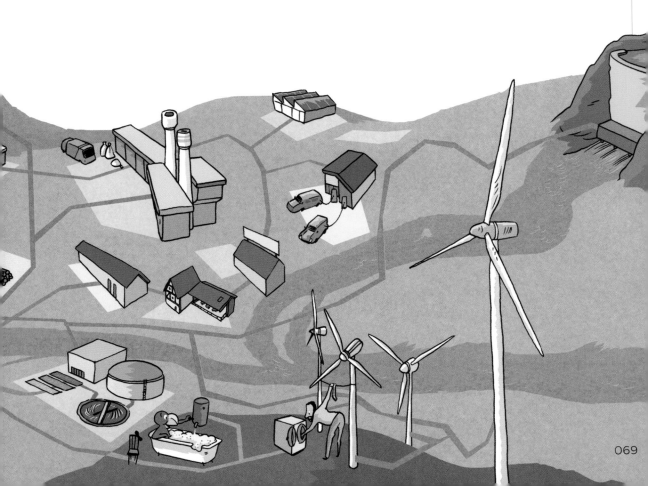

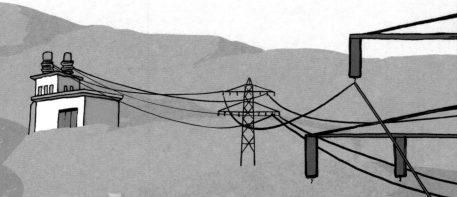

电力如何分配到各家各户？

　　在瑞士，电力是通过高压线分配的。这些线路具有高达 38 万伏的巨大电压。人们不能用它来运行熨斗或洗碗机。为了将其输送到各家各户，必须把这个电压强度降低到 230 伏。在瓦特维尔的一家变电站，格鲁比了解到了它是如何运作的。工作人员鲁蒂绍尔女士领着格鲁比来到了一个被围栏围住的区域。在他们头顶上方几米处，有一团纠缠的电线。

　　"为了将电流运输到各家各户中，我们必须先用变压器将高压电转换为低压电。"鲁蒂绍尔女士指着一个和花园小屋差不多大小的盒子状物体说。

　　然后她继续讲道："电流从一侧以 5 万伏的电压流入，在另一侧以 2 万伏的电压流出。然后我们将电流输送到村子里的一个小的变电站，在那里电压被降低至 230 伏。随后它就被送到各家各户中去。"

　　"也就是说，变电站使电力变弱后，我就可以用它来给我的手机充电。这也太棒了！"格鲁比说。他完全被这些粗大的电线和变压器给迷住了，以至于没有注意自己的脚下。当他穿过栅栏的门时，他被绊倒在地。"啊！"他叫道。格鲁比扭到了脚踝，他觉得非常痛。"你必须马上去看医生。"鲁蒂绍尔女士肯定地说道。

这就是电压

　　电流由电子组成，是带负电的小粒子，这些我们在之前有关太阳能电池的内容中已经了解到了。电缆中电子流动的数量可多可少，它就像一条河流，在陡峭的地形上，水流动得更快更有力；但在平坦的地形上，水流动得则很缓慢。相应地，人们会说电流有很高的电压或者很低的电压。

变压器：从高压电到低压电

　　变压器由一个铁环和两个铜线圈组成。电压为5万伏的电流通过第一个线圈时，会在铁环中产生了一个磁场。电能被转换为磁能。磁场到达第二个线圈，由于这个线圈的匝数比第一个线圈要少，所以磁场在这里又被转化成电流。电压的高低是由线圈的匝数所决定的。线圈的匝数越少，电压就越低。电流从第二个线圈流出，此时的电压为2万伏。

用射线透视身体

　　除了太阳光，还有另外一种形式的辐射也可以用来发电。在去医院的时候，格鲁比和孩子们了解到了这种辐射。医生仔细检查了格鲁比受伤的脚踝。"我必须给你做个 X 光检查。只有这样，我才能确认你的脚踝有没有骨折。"他一边说一边带着格鲁比来到了 X 光检查室。塔拉和埃内里也能跟着一起去。格鲁比很高兴，因为他不是一个人。

　　"除了格鲁比，现在所有人都得离开这个房间。只有在无法避免的情况下，你才要接受 X 射线的照射。"塔拉、埃内里和医生都离开了这个房间，只有格鲁比一个人待在里面。"啊，我都不知道原来 X 光检查这么危险。希望我不会有事。"他这么想着。但没过多久，房间的门再次被打开。"好啦，我们做完了。"医生说道。

　　随即，格鲁比脚踝的 X 光图像就出现在了医生的电脑屏幕上。"你很幸运，"医生说，"你的脚踝没有骨折，只是摔倒的时候过度拉伸了你的韧带。很快就会好的。"

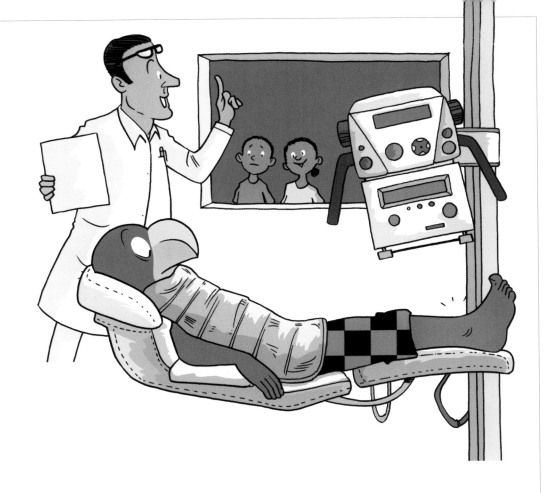

    格鲁比松了一口气。医生给他开了一个软膏，他必须把它涂在脚踝上，每天3次。他应该很快又能像以前一样蹦蹦跳跳的了。当格鲁比一瘸一拐地走出来的时候，他问医生："如果X光可以穿过我的骨头，那它为什么不能穿过这扇门呢？"医生敲了敲门说道："这扇门里有一层铅。铅这种金属密度很高，X射线无法通过。这个房间的墙壁也是用铅包裹着的。"

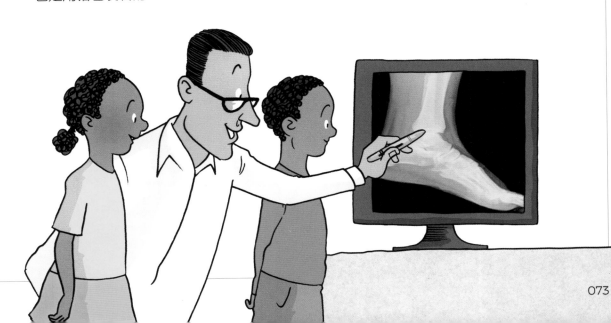

多种多样的辐射

X射线是所谓的"电磁波"的一种。电磁波还包括可见光、无线电波和你从微波炉中接收到的微波。可见光和X射线之间的区别在于，后者含有更多的能量。这主要表现在光线无法穿透你的骨头。然而，X射线所蕴含的能量太多，以至于它可以穿透固体物体。所谓的"放射性辐射"甚至比X射线所含有的能量更多。

大剂量的放射性辐射，正如X射线一样，会损害活细胞。它们会侵入细胞，损害细胞内的遗传信息。遗传信息中记录着一个细胞的任务，如果这种记忆被破坏，细胞就不再知道自己应该做什么。在最好的情况下，这个细胞会死亡。而在最坏的情况下，它会突变为一个癌细胞，并开始不受控制地生长。所以我们应该尽可能地远离放射性辐射。

放射性辐射的来源有很多。在我们脚下的基岩中，有某些特定的矿物质会释放出

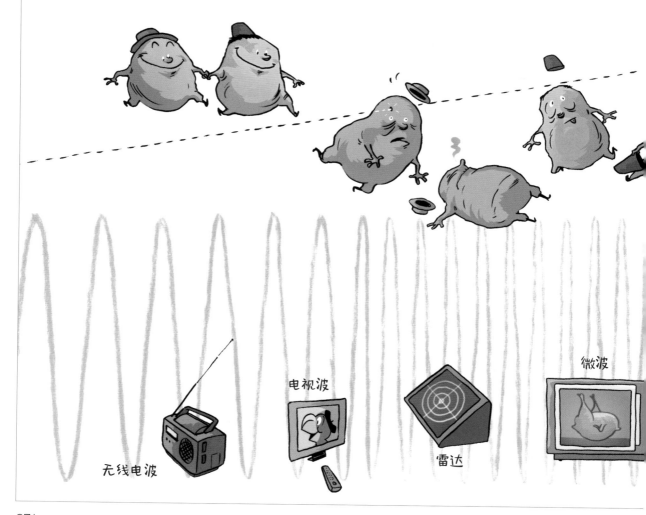

无线电波

电视波

雷达

微波

放射性辐射。 也就是说，整个地球都有轻微的放射性。 另外，少量的放射性辐射也会从外太空到达地球。 但其中大部分的放射性辐射都被我们的大气层给屏蔽掉了。

测量放射性辐射的单位被称作"微西弗"。 它用于测量一个人在一天中接收到的辐射量。 在中欧，它是每天大概 10 微西弗。 这对生物体不会造成任何严重的后果。 在拍摄 X 光时，身体通常会接收到 100 微西弗的辐射，这和你两周所接收到的辐射量相当。 但每年进行几次 X 光检查并无害处。

另外，在从欧洲到纽约的航班上，你会接收到和 X 光检查大致相同的辐射量。 在飞行高度为 10 千米的飞机上，大气层的过滤作用不再那么强烈。 这就是为什么来自太空的放射性辐射在那里更强。

然而，辐射的杀伤作用也可以为我们所用。 例如，医生将射线精确地对准癌细胞所在的位置，可以用于杀死癌细胞，这就是所谓的"放射治疗"。

紫外线

X 射线

放射性辐射

可见光

核能发电

核电站利用核裂变产生的能量来发电。 这与火力发电厂的发电方式非常相似。 热量使水沸腾，在这个过程中产生的水蒸气驱动涡轮机发电。

在核电站中，热量来自放射性辐射，它来自一种叫"铀"的金属。 和其他物质一样，铀是由原子构成的。 这就像构成世界的微小的乐高积木。

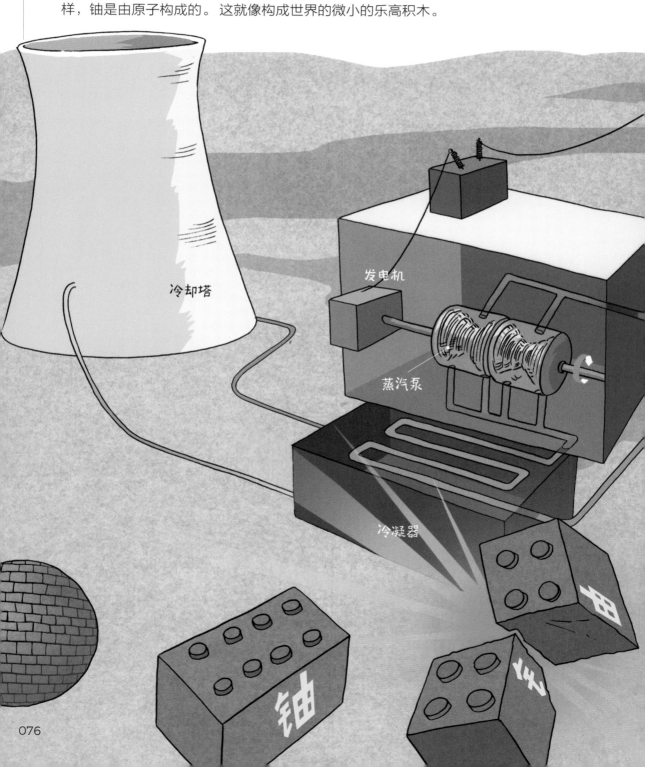

冷却塔

发电机

蒸汽泵

冷凝器

铀

这个叫作铀的乐高积木非常大，而且它们不是很稳定，很容易就会被分成两半。这就像把一块八字形乐高积木切成两半，然后做成两个四边形。这可以通过用中子轰击铀原子来实现，中子是微小的粒子。

铀原子裂变后，会产生两半的原子核和更多的中子。它们高速飞散，与也在反应堆中的水碰撞。水减缓了原子核和中子的速度。这么一来就会产生热能。在反应堆中，大量铀原子同时分裂，从而产生大量的放射性辐射。这种辐射撞击同样位于反应堆中的水，将水加热至超过 300 摄氏度。热水通过管道流向热交换器，通过热交换器将热量传递给一种类似于蒸汽锅炉的装置。蒸汽的压力驱动涡轮机，从而产生电力。

当中子与另一个完整的铀碰撞时，它也会被分裂。这就是链式反应的产生方式，它在链式电站中以受控的方式进行。

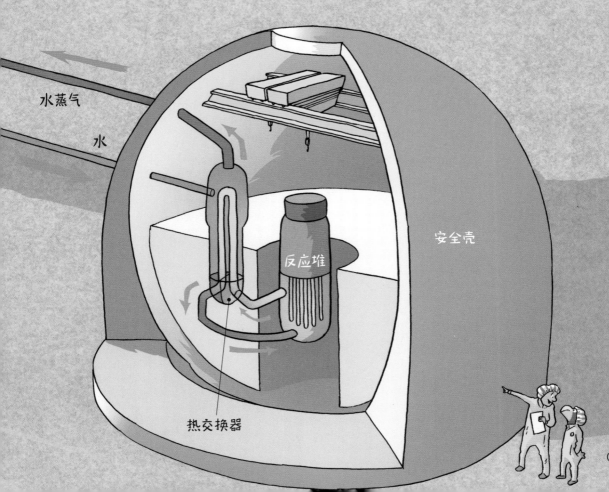

水蒸气

水

安全壳

反应堆

热交换器

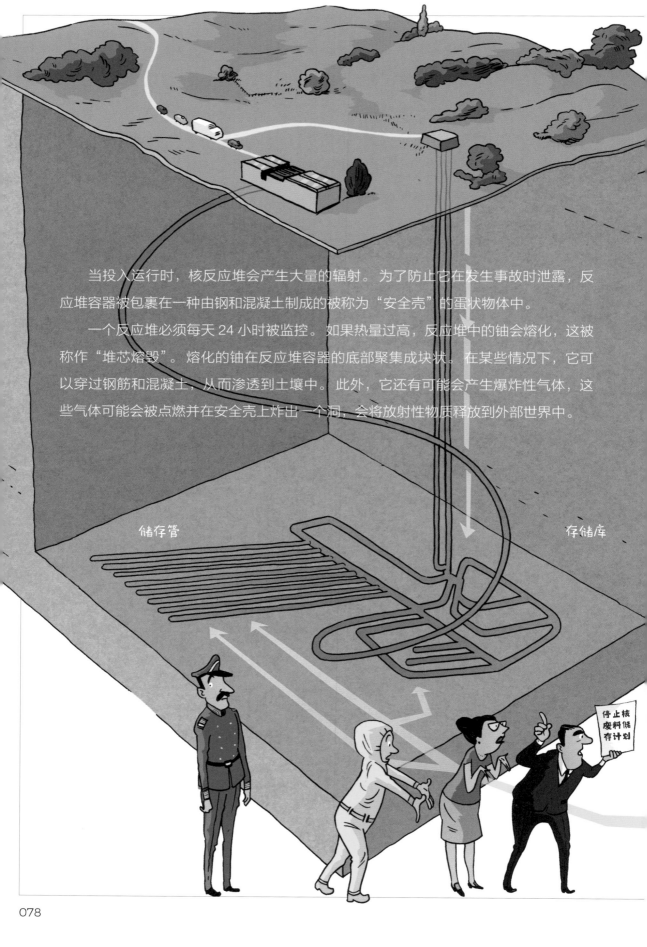

当投入运行时，核反应堆会产生大量的辐射。 为了防止它在发生事故时泄露，反应堆容器被包裹在一种由钢和混凝土制成的被称为"安全壳"的蛋状物体中。

一个反应堆必须每天 24 小时被监控。 如果热量过高，反应堆中的铀会熔化，这被称作"堆芯熔毁"。 熔化的铀在反应堆容器的底部聚集成块状。 在某些情况下，它可以穿过钢筋和混凝土，从而渗透到土壤中。 此外，它还有可能会产生爆炸性气体，这些气体可能会被点燃并在安全壳上炸出一个洞，会将放射性物质释放到外部世界中。

储存管

存储库

停止核废料储存计划

核电的优点和缺点

优点：

  ——只须 20 克的铀燃料，就可满足一个家庭一年的用电需求。

  ——节省空间：一座核电站的大小仅相当于一座工厂，这比起带水库的发电站或风力发电厂来说，规模要小。

  ——二氧化碳排放量很低：每生产 1 度电约排放 25 克二氧化碳。核能本身不会释放任何二氧化碳，但铀的开采、运输和加工会释放二氧化碳，核电站使用期结束后的拆除工作也会释放一定量的二氧化碳。

缺点：

  ——铀需要从地里开采。采矿会对环境和生活在该地区的人们造成伤害。铀矿的废水会污染土壤、湖泊、河流和地下水几十年，使其无法用于农业生产。

  ——如果核电站发生事故（例如熔毁），大片地区可能被放射性物质污染数千年之久。受影响地区的人们将不得不搬离。半克的铯足以使一平方千米的土地无法居住。铯是一种在反应堆中产生的放射性废物。

  ——因为核电的潜在危险性很大，所以控制风险的费用非常大。处理放射性废物的安全操作和处置需要许多部门的配合。

  ——核反应堆产生高度放射性的废物。它们不能被焚烧或以其他方式回收，而必须永远储存在一个安全的地方。然而，世界上仍然没有一个地方可以做到这一点。

参观核电站

格鲁比想了解更多关于核能的信息，他报名参加了一个核电站的参观活动。令他惊讶的是，他在入口处遇到了两位安保人员。他们把他领到衣帽间，"请把所有金属物品包括你的手机放在储物柜里。"其中一个人说道。之后，格鲁比必须通过金属探测仪，就像在机场安检一样。另一位安保人员解释说："金属物体如果接触到辐射源，也可能会放出辐射。我们希望避免这种情况，因为辐射对身体有害。这就是为什么钥匙、硬币、珠宝和电子设备要留在外面。"

格鲁比没有想到，核电站的安全检查居然如此严格。现在，接待处的穆勒先生将格鲁比带到了更衣室。格鲁比必须在那里把所有的衣服都脱掉，包括内衣。然后他必须换上所谓的"防护内衣"，包括一条橙色的内裤、一件橙色的内衣和一双黄色的袜子，他还必须在外面套上一件黄色的外套。最后，同样重要的是，他得戴上一顶蓝白条纹的帽子。然而在格鲁比可以进入反应堆所在的建筑之前，他还必须在外套上装上两个放射量测定器。这些装置会记录格鲁比在核电站中的放射性辐射暴露量。穆勒先生会陪同格鲁比一起进去。他也必须穿上防护内衣，戴上放射量测定器。

现在他们终于可以出发了。穆勒先生领着格鲁比穿过了许多闸门。他们经过指挥室，发现那里有十几个工作人员，他们正盯着电脑屏幕和测量设备。"在这里，我们会监控每一个阀门和每一个管道。"穆勒先生解释道，"在紧急情况下，我们可以立即关闭核反应堆。"

　　终于，格鲁比到达了安全壳。 它就像一间房子一样大，在它的底部是带铀的反应堆。 当反应堆发生事故时，许多放射性物质会从反应堆容器中泄漏。 在这种情况下，安全壳确保它们不会释放到外部世界。 它就像一个封闭的容器。

　　"你被特许进入安全壳。"穆勒先生对格鲁比说道。 一般情况下，游客是不能进入这个区域的。 要进入安全壳，两个人必须得再次穿过一个闸门。

　　格鲁比在安全壳内看到了反应堆槽。 它被由钢和铅制成的厚厚的盖子所封闭，并且被包裹在混凝土中。 穆勒先生解释说："在正常运行的情况下，反应堆被包裹得非常好，只有很少的辐射逸出。 不过我们还是得小心，不要吸收太多的辐射。"

　　格鲁比看了看他身上的两个放射量测定器。 它们仍然显示为 0 微西弗。 但当他在反应堆槽附近走动时，它们开始发出哔哔声：1 微西弗，2 微西弗，3 微西弗。 每提示一次，就又增加了 1 微西弗。 没过多久，格鲁比就积累了超过 20 微西弗。"哦，这已经是我一天所吸收的辐射量了。 我们最好还是出去吧。"格鲁比说道。

　　最后参观活动结束的时候，格鲁比看了一眼他的两个放射量测定器。 它们都显示为 25 微西弗。 在格鲁比再次更换衣服前，他必须要通过一个扫描仪。 这个扫描仪可以检测，格鲁比在核电站内是否有接触过放射性物质。 几秒钟后，一个机器人的声音从设备中响起："没有检测到污染。"格鲁比松了一口气。 然后，闸门打开，他终于可以穿回自己的衣服，并戴上他的贝雷帽。

核反应堆事故及其影响

尽管有严格的防范措施，核电站的事故还是一再发生。以如今（截止 2020 年）现存的 412 座核电站来计算，平均下来，每隔 15 年，世界上就会在某地发生一次重大核反应堆事故。以下列举了几个最重要的事件：

在瑞士

1967 年

在位于维伦林根的前瑞士联邦反应堆研究所中，小型研究反应堆"迪奥里特"（Diorit）发生了所谓的"部分核心熔毁"。这是指燃料元件变得非常热，以至于其中的铀开始部分融化。这会导致反应器中的废水受到污染。

1969 年

位于沃州的吕桑的试验型核电站内，反应堆的冷却系统出现故障，发生了部分核心熔化。燃料棒中的铀熔化并发生了爆炸，爆炸在反应堆上炸开了一个洞，放射性物质被喷入安全壳。随后瑞士政府花了 4 年时间来进行清理。这是瑞士最严重的一次核反应堆事故。该反应堆于 1977 年停止运行。

其他国家

1979 年
在美国三里岛的哈里斯堡的一家核电站，由于操作失误，导致反应堆冷却系统出现故障，发生了部分核心熔化，其中一些燃料棒熔化。放射性气体被释放到大气中。

1986 年
严重的操作失误导致位于乌克兰的切尔诺贝利核电站的堆芯完全熔毁，并因此导致数次爆炸。大量放射性物质最终进入环境，这使核电站周围地区受到了放射性污染。该地区成千上万的人暴露在高剂量的辐射中，他们中有的人后来因此患上了癌症。这是迄今为止核电站中最大的灾难性事故。

2011 年
由于地震和随后的海啸，位于日本的福岛核电站的反应堆冷却失败。这导致三个反应堆发生堆芯熔毁，并产生爆炸性气体。最后，发生了几次爆炸，摧毁了两个反应堆的安全壳，导致大量放射性物质被释放到大气中。

地热供暖

大多数房屋仍然使用石油加热。这种供暖系统通过燃烧燃油，从而加热水，水通过管道系统分布在屋内，使所有房间保持温暖。然而还有另外一种给房屋供暖的方式。格鲁比想要知道这是怎么一回事，于是他去拜访了位于瓦特维尔的一个大型建筑工地。这里以后会建成几幢大型的公寓楼。其中有几栋楼，已经可以看出它们的混凝土外壳了。

建筑工人将一个大型钻头运到现场，他们想用它在地下 200 米处挖一个半径为 14 厘米的洞。格鲁比仔细观察了这些工人一阵子。他们先将钻头拧在金属杆上，然后把它对准草地，开始钻孔。

几分钟后，他们已经钻出了一个 2 米深的洞。现在，他们需要增加钻杆的长度。于是，他们从上方插入另一根钻杆继续钻。几个小时后，他们就挖到了地下 200 米处。

工人解释道："每 30 米深，温度就会升高 1 摄氏度。在 200 米处深的地底，温度保持在恒定的 14 摄氏度。利用这个热能，我们之后就可以给这些建筑供暖了。"

现在，工人们将两条塑料软管推入洞中，软管在底部相互连接。

地热

　　地球内部的热量来自很久以前地球上还没有生命存在的时候。当时，我们的星球就像一个由岩浆构成的发光的火球。数百万年来，它们慢慢冷却下来，在外面形成了坚硬的岩石地壳。我们今天就生活在这上面。然而地球的内部仍然非常热。

　　在现有的地热能中，有一半是来自于那个时代，另一半是由铀等放射性元素如铀的衰变持续产生的。它广泛存在于地球的地幔中。当铀原子衰变时，它会发出放射性辐射。周围的岩石吸收了它的能量，并将其转化为热能。

　　之后，水将流经软管，吸收地热并将其传导至房屋中。"为了防止管道在冬季结冰，我们会将水与防冻剂混合。"罗瑟先生解释说。这可以防止管道在低于零摄氏度的温度下形成冰晶。

　　最后，工人们将液体混凝土填入洞中。两根软管现在已经牢牢地贴在墙上了。这说明它们与周围的岩石接触良好，可以很好地吸收热量。

冷凝器　活塞　蒸汽

冷却剂

热泵是如何运行的?

　　格鲁比进入建筑工地的另一侧，那边的房屋才刚搭好架子，还没进行室内外装修。在这里，装配工人根池先生将管道连接到一个奇怪的盒子上。根池先生解释道:"当水通过管道进入房屋时，温度大约为 14 摄氏度。这个温度不足以让房间保持温暖。要做到这一点，水的温度至少要达到 40 至 50 摄氏度。所以我们安装了这个装置，这是个热泵。"

　　热泵可以从 14 摄氏度温水中吸收热能，并将其加热到更高的 40 摄氏度。然后它将热量传递到房屋的供暖水路中。它的工作原理是这样的:来自地下的水被送入热泵，并在热泵内将其热量传递给冷却剂。只要稍微加热，冷却剂就开始蒸发了。这就像烧水一样，只不过你不必将冷却剂加热到 100 摄氏度使其产生蒸汽，将其加热到 5 摄氏度就足够了。然后，蒸汽被导入一个腔室中，那里有一个活塞可以压缩蒸汽。当蒸汽被压缩时，它会突然升温 30 摄氏度。

　　格鲁比听得有点儿云里雾里，根池先生想到了一个好办法，能让格鲁比更好地理解这个问题。"你可以用一个简单的实验来模仿热泵中发生的事:你用舌头舔一下你的手背，你会发现被舔湿的那个位置感觉凉凉的，这是因为那里的水分蒸发掉了。它在蒸发的过程中，会吸走皮肤上的热量，所以你才会感觉到凉意。现在，将你的嘴靠近手背的另一个位置，并对着它大力呼气。来自肺部的空气，也就是水蒸气，会在你的皮肤上冷凝，形成一层水膜。在这个过程中，它会释放出热量，所以你会感觉暖暖的。"

格鲁比对着他的手背大口大口地呼气。"哇，我用凝结的热量给我的双手加热了！"释放出的热量将热泵中的冷却剂加热。现在，它的温度达到了 40 摄氏度，冷却剂可以将其热量传递给房屋的供暖系统了。

在这种供暖方式中，五分之四的能源来自地表。只有五分之一的能量来自活塞电动机压缩蒸汽需要的电能。

地热能的优点和缺点

优点：

—— 24 小时全天候供应。

—— 它是免费的，而且是取之不尽用之不竭的。

—— 它可以随处开采。

—— 只有在组件制造过程中和生产运行热泵所需要的电力时，二氧化碳才会释放。平均每生产 1 千瓦时热能，会释放出 20 克二氧化碳。

缺点：

—— 在规划和建设时都必须非常小心，否则就会有污染地下水的危险。

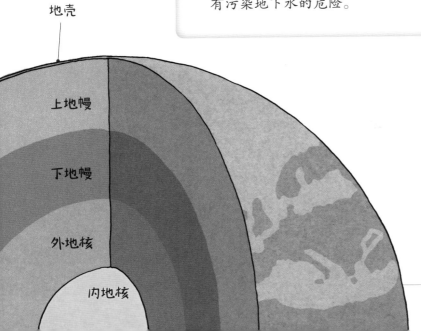

地壳

上地幔

下地幔

外地核

内地核

来自木材的能源

　　木材是一种可再生能源。然而，这意味着人类每砍伐一棵树，就必须再重新种上一棵树。幸好瑞士有很严格的森林保护法。它规定，瑞士的森林面积不得减少。也就是说，那些被砍伐的树木必须要有新种植的树木来替代。

　　保护得好的森林是很好的能源来源。在盖维尔的一家锯木厂，布鲁诺·埃格诺夫向格鲁比展示了如何使用木材来生产能源。大树干在这里被锯成横梁和木板，但这总会产生一些不适合用于建筑的废木料。这些废木料最后会被送入碎木机。它就像奶酪粉碎机一样，可以将大块的木头切成木屑。这些木屑被自动运送到一个大型的炉子中，这个炉子会加热一个装有水的大水箱。

　　加热过后的温水随后会被抽到所谓的"区域供暖管道"中。这些管道连通盖维尔大部分的房屋。"这也太实用了。"格鲁比说，"与其为村里的每个房子都配备暖气，不如安装一个能给所有房子供暖的大炉子。"

　　"当然人们还是要支付热水的费用。"布鲁诺·埃格诺夫说。每所房子里都配备了一个热交换器，以便能够使用这些热能。来自供热管道的水通过这个交换器将能量传递给房屋里的散热器。这么一来，即使炉子在数百米开外，客厅也依然能够保持舒适和温暖。木材不仅可以在大型炉灶中加热，用于区域供热网络，还可以用于家庭的小型木材加热系统，如小的瓷砖炉灶或燃木炉灶。人们还可以安装一个燃木炉子，将它用作房屋的中央供暖。

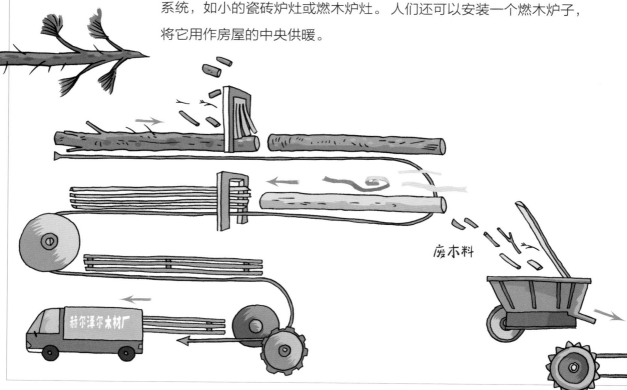

废木料

区域供热管道

水箱

炉灶

木材的优点和缺点

优点：

——木材是一种可再生能源。它在我们家门口就能生长，无须从远方进口。

——它是碳中和的。也就是说，当树木燃烧时，它们所产生出的二氧化碳含量和它们在生长过程中储存起来的碳的数量是相同的。

——只有在砍伐树木、运输木材和建造炉灶时才会释放出二氧化碳。平均每生产1千瓦时的热量就会产生10克二氧化碳。

缺点：

——木材不是无限量供应的。在瑞士，每一公顷的森林每年可以提供约3吨的木材。

——木材燃烧时会产生烟雾，它们必须通过过滤器从废气中去除。这在今天的瑞士是强制性的，但大部分的老房子都没有安装过滤器。

利用废水生产热能和电力

　　我们也能从废水中获得能源。每个人每年产生大约 150 千克的粪便。每千克粪便中含有 2.2 千瓦时的能量。利用这些能量，我们可以为 4 个人做午餐和晚餐，使用两次洗碗机或熨 30 件衬衫。

　　粪便中的能量也能转化为电能。格鲁比在内克塔尔市的污水处理厂中看到它是如何工作的。在这里，他遇到了污水处理大师克瑙斯先生。"听着，格鲁比，这很简单。住户的废水通过污水管道来到我们这个污水处理厂。我们在这里将固体和液体物质分开。液体成分将进入澄清池，在那里它们会被微生物吃掉。"

　　"这么一来，水就被净化了。"格鲁比说。

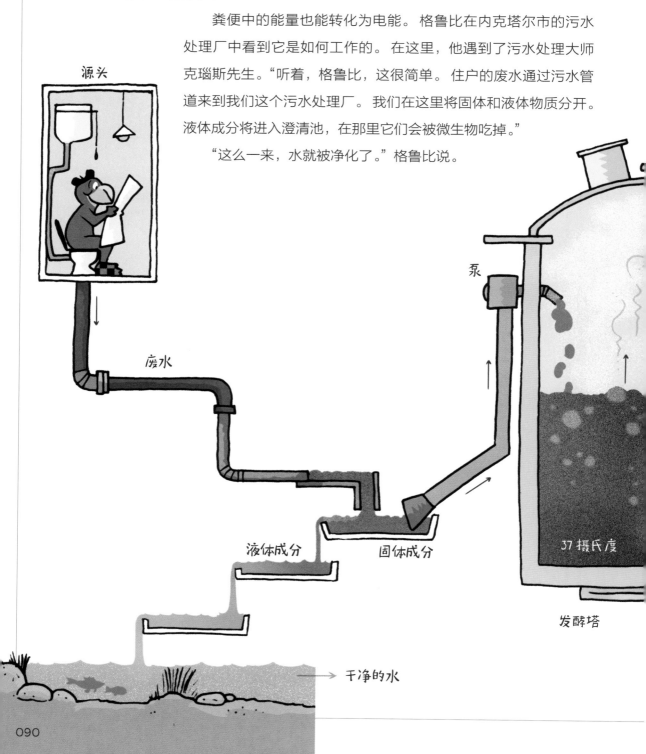

源头

废水

泵

液体成分

固体成分

37 摄氏度

发酵塔

干净的水

"没错。"克瑙斯先生说道，"固体成分则进入到发酵塔中，并在这里被加热到 37 摄氏度。细菌在这个温度下感觉很舒服。它们将我们的粪便转化为一种叫作'甲烷'的气体。"

以这种方式产生的甲烷，也被称为"沼气"。它们通过管道被输送到所谓的"热电厂"。它就像汽车的发动机，只是它不燃烧汽油，而是燃烧甲烷。这个发动机驱动一个发电机，它产生的电力可以直接用于污水处理厂的运行。在电量过剩的情况下，它还会被输入电网。

"这个发动机还会生产热能。这些热能也能供我们使用。我们将热

电力

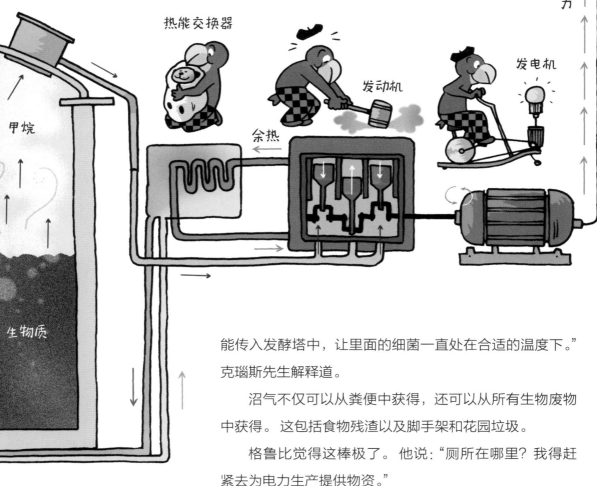

热能交换器

余热

发动机

发电机

甲烷

生物质

能传入发酵塔中，让里面的细菌一直处在合适的温度下。"克瑙斯先生解释道。

沼气不仅可以从粪便中获得，还可以从所有生物废物中获得。这包括食物残渣以及脚手架和花园垃圾。

格鲁比觉得这棒极了。他说："厕所在哪里？我得赶紧去为电力生产提供物资。"

废物的回收循环利用

　　我们不仅能从排泄物中，还能从我们丢弃的废物中获取热能和电能。这些废弃物包括生物质，如木材、食物，但也包括石油产品，如塑料包装。所有这些物质都可以通过焚烧转化为热能。产生的热能可以通过区域供热管道用于房屋供暖，或通过蒸汽生产驱动涡轮机发电。

　　在巴泽海德的垃圾焚烧厂中，每年有超过 10 万吨的垃圾被转化为超过 3 万兆度的电力。这足以为垃圾焚烧厂和半个基希贝格市提供电力。

　　最后，废物燃烧后剩下的灰烬，也被称为"矿渣"，除了富含铜、银和金等贵金属外，它们还含有大量的磷，这是农业生产上所需要的肥料。可以用筛子、磁铁或添加化学品的方式把这些原料从炉渣中分离出来，然后被重新使用。

垃圾焚烧的优点和缺点

优点:

——焚烧垃圾比将它储存在垃圾场中更好。时间久了,垃圾场会释放甲烷,这是一种比二氧化碳强 23 倍的温室气体。

——燃烧塑料可以防止它进入到环境中,污染草地、森林、河流、湖泊或海洋。

缺点:

——垃圾并不是碳中和的。绝大部分的垃圾都是由塑料组成的,而塑料是由石油制成,燃烧它们,会增加大气中的二氧化碳含量。

——燃烧塑料会产生有毒气体,必须将它们从工厂产生的废气中过滤掉。

沼气的优点和缺点

优点:

——沼气是碳中和的。

——只有在工厂建设期间才会产生来自不可再生能源的额外的二氧化碳。平均而言,每生产 1 千瓦时的电力和热能会产生 11 克二氧化碳。

缺点:

——沼气由甲烷组成。当它进入大气中时,所造成的温室效应比二氧化碳要强 23 倍,这就是为什么沼气厂是完全密不透风的。这么一来,甲烷就不会被泄露到其他任何地方。只有这样,沼气才是环保的。

——发酵塔中的材料有时会产生不好的气味,这会对当地居民造成影响。

塑料回收

　　塑料是由石油制成的，当它最终进入焚化炉时，会释放出二氧化碳。与我们开车时产生的二氧化碳相比，塑料中产生的二氧化碳比例很小。但如果我们回收塑料而不是简单地焚烧它，仍然有环境效益。然而，只有 10% 的塑料会被回收利用，其中主要是用于制造饮料瓶的 PET 塑料，其余的则以焚烧告终。其实这些塑料绝大部分也可以被回收利用，如用于制造建筑业的塑料管。

塑料的海洋

　　塑料也被称为合成材料，被用于制造饮料瓶、手提袋、包装材料、牙刷、玩具、汽车部件、移动电话等。一个没有塑料的世界是难以想象的。

　　当这些物品破损或陈旧时，它们最终会进入垃圾焚烧厂或回收。但在许多国家，废物管理并不像瑞士那样好。在最好的情况下，它们会被倾倒在巨大的垃圾堆中。在大多数情况下，它们只是被丢置在大自然中，如一个沟渠或河流中。这就是为什么这些塑料最终会流入大海。每年海洋中有大约 800 万吨塑料垃圾。

　　如果将这些垃圾装入一列货物列车，它将从西班牙的最南端延伸到瑞典的最北端。在洋流的作用下，这些塑料在世界海洋中的某些地方聚集，形成巨大的垃圾地毯。

这些塑料垃圾堆严重影响海洋生态系统。海鸟将它们误认为是食物而食用，但它们无法被消化，数以百计的塑料碎片积聚在海鸟的胃中，导致它们无法进食，只能挨饿；鲸鱼、鲨鱼和其他海洋生物可能会被塑料袋或塑料包装缠住，在绝大多数情况下，它们会因此死亡；海龟还有可能将这些漂流的塑料袋当成水母，误食后身亡。

在太阳光的作用下，这些塑料碎片会断裂，通过不断地相互摩擦后形成微塑料。研究人员估计，有 2000 万吨微塑料漂浮在海洋的上层 200 米处。

这些微塑料会被许多海洋生物所摄取，包括贻贝。当我们食用这些贻贝时，我们反过来也摄入了这些微塑料。目前我们还不知道，这会对我们的身体健康造成什么影响。

成为能源经理

格鲁比在瓦特维尔的能源学院接受进一步的培训，成为一名能源经理。他和 12 个成年人坐在教室里，忙着做笔记。作为未来的能源管理者，他们要负责管理各自公司的能源消耗。要做到这一点，他们必须了解房屋的哪些构造可能会加大能源的消耗。例如，窗户就是其中之一，老式的窗户通常隔热效果不是很好。它们还会有缝隙，暖空气很容易通过这些缝隙"逃"到外面去。如果你现在更换窗户，房子的热量损失可以减少 10%，这就减少了加热房屋的能源消耗。

墙壁和屋顶也是如此。格鲁比有一个朋友，他住在一间 20 世纪 60 年代的房子里。那间房子墙壁上的绝缘材料非常薄，所以通过墙壁流失大量的热量。而且屋顶也根本就没有保温隔热构造。从阁楼上可以直接看到砖头。冬天的时候，那里也特别冷。这是一个明显的提示，说明热量正通过屋顶流失到外面去。

为了检测房屋中的热量泄漏情况，格鲁比学会了使用热像仪。它看起来像一台数码相机，但它只显示热辐射而不是光波。所有温暖的东西看起来都是明亮的，而寒冷的表面则是昏暗的。

格鲁比和其他学生在参观瓦特维尔时用热像仪拍摄了许多照片。许多老房子的窗户在照片上都显得特别亮。有的房子的墙壁的隔热性能太差，以至于整个房子看起来都特别亮，仿佛在发光。"能源转型任重道远啊。"格鲁比说道。

未来的能源管理者还将学习如何在公司或家庭中节约用电。大多数家庭中都有几个特别耗电的设备。其中之一就是加热泵，它将来自供暖系统的温水泵到整个房子里。老式水泵特别耗电，如果你安装一个新的，可以减少高达 90% 的耗电量。

如果瑞士所有的房屋都换掉旧的供热泵，他们每年节省的能源量就相当于一整个核电站一年的产量。

隔热层

隔热保温技术和"绿色建筑标准"

格鲁比成功完成了能源经理的培训。他决定将来在图根堡担任独立能源经理。他在甘特施维尔发现了一座巨大的建筑，它的墙壁上几乎全是窗户。"啊哈，这里的能源消耗看起来还有改进的空间。"格鲁比这么想道。他把热像仪对准大楼。让他惊讶的是，相机显示这栋楼的表面温度并不高。这意味着几乎没有热量从建筑物外面逸出。

格鲁比感到难以置信："这怎么可能呢。嗯，可能是热像仪出问题了。"

大楼的入口处有一个标志，上面写着"阳光庭院综合诊所"。格鲁比走进去后见到了诊所的负责人盖格先生。"下午好，"格鲁比说，"我是一名经过认证的能源经理，想对这栋建筑提出一些能源改进建议。"盖格先生听完这话后开始大笑。"亲爱的格鲁比，这是一栋所谓的'绿色建筑'。这是图根堡隔热保温性能最好的建筑之一。"格罗比无言以对。现在他也明白了为什么他的热成像仪上没有显示任何东西——因为这栋大楼几乎没有任何热量的散失。盖格先生为格鲁比提供了一次参观机会。"这到底是一家什么样的诊所？"

格鲁比问道。盖格先生说："我们照顾和治疗有精神健康问题的儿童和年轻人。在我们这里，孩子们可以自由行

动。这里有操场、工作间，当然还有学校。"

盖格先生带着格鲁比来到了厨房。"绿色建筑标准"意味着建筑中产生的所有热量都被回收利用。所以，厨房的天花板上装有通风槽。它们吸收烹饪所产生的暖空气，并将其导入地下室。那里有一个热交换器，厨房中的热量将被用于给房屋供暖的暖气。暖气随后被分配到整个房间里，使其保持在 20 摄氏度的恒定温度。来自洗衣房的暖空气也被循环利用，其实整个建筑的空气都会被循环利用。"这栋楼里的每个人都会辐射出 60 瓦的热量，"盖格先生说，"我们用一整套空气循环的系统捕获这些热能，并用它来加热房间。"

要做到这一点，所有的墙体都必须尽其所能地进行绝缘处理。此外，建筑物必须

完全密闭，确保热量不会通过墙壁上的微小裂缝泄漏出去。

盖格先生和格鲁比来到了一个全是小孩的科室。孩子们正在这儿举办乒乓球比赛，格鲁比也加入他们的游戏中。其余的孩子们在用热成像仪观察格鲁比。他们看见格鲁比的汗水越来越多。一个孩子大叫道："干得好格鲁比，你可以做我们的'人体暖气'了。"

生态适量

"生态适量"是指我们要尽可能少地使用能源和材料，从而达到节省能源、二氧化碳和原材料的目的。在过去的 100 年里，瑞士等工业化国家的人们并没有过多关注生态适量的原则。例如，在 1960 年，一辆汽车的平均重量为 700 千克。它平均运送 2.4 人。如今，一辆汽车的重量是 1700 千克，平均仅搭载 1.3 人。汽车越重，消耗的能量就越多，但它所搭载的人却越来越少。

"在这种情况下，生态适量是指我们驾驶较小的汽车，或者如果可能的话，完全不使用私人汽车，而是骑自行车或者搭乘公共汽车。"格鲁比说道。

赠送或转售不再使用的物品

将室内温度设置在 21 摄氏度，并穿上一件毛衣

购买再生纸

尽量避免搭乘飞机

物尽其用，维
修代替丢弃

尽可能多地喝自来水，而非需要长途运
输的瓶装矿泉水

少吃肉

——三分之一的食物最终成为食物垃圾，应该避免这种情况。

——出行选择步行、骑自行车、使用交通工具、共享汽车。

——减少热水的使用时间，例如在淋浴或洗漱时。

——购买二手设备并尽可能长时间地使用它。

——节约用纸。 例如，收集用过的纸张并使用其背面。

——尽可能地重复使用或回收包装材料。

——减少房屋面积。

能源转型后的状态

电力生产

能源转型后，电力将来源于太阳能、风能和生物质。

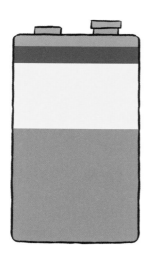

今天：

   56% 水电

   35% 核能

   3% 化石能源

   6% 可再生能源（光

伏、风力、生物质）

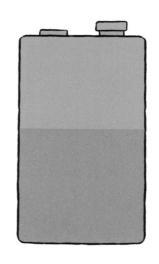

未来：

   48% 水电

   52% 可 再 生 能 源

（光伏、风力、生物质）

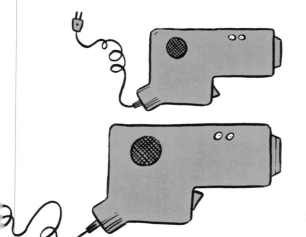

电力消耗

电力消耗将在一定程度上增加，因为有越来越多的电器和越来越多的电动汽车在我们的道路上行驶。

今天：

100% 电力消耗

未来：

135% 电力消耗

房屋取暖

建筑物供暖不再采用石油燃料供暖，而是使用地热、太阳能集热器、木材和热泵供暖。

今天：

    40% 可再生能源

    60% 化石和核能

未来：

    100% 可再生能源

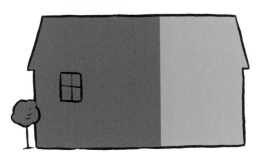

交通运输

汽车不再使用汽油而是电。 此外，汽车的数量将大大减少。

今天：

    5% 电（三分之二来自可再生能源，三分之一来自化石能源或核能）

    93% 化石能源（汽油、柴油）

    2% 可再生能源（如来自菜籽油和沼气生产的柴油）

未来：

    100% 来源于可再生能源

千里之行，始于足下

格鲁比、塔拉、埃内里和布鲁诺·埃格诺夫踏上了穿越图根堡的最后一段旅程——位于山谷顶端的甘普鲁特山。一架小型缆车已经在山谷等着他们了。工作人员在顶层车站操作缆车。格鲁比通过电话和他们进行联系，说大家都准备好了，可以出发了。

门自动关闭，缆车出发了。缆车在峡谷、森林和开满了鲜花的草地上空驶过。突然格鲁比眼前出现了一块巨大的岩石，它看起来像鲨鱼的牙齿。"这就是羊山石壁。"布鲁诺·埃格诺夫说。

到达山顶后，他们不禁大吃一惊。整个建筑就像是一个可再生能源发电厂。屋顶表面和外墙都被光伏电池和太阳能电池板所覆盖，建筑物旁边还有一个风力发电机。

业主科勒先生带着格鲁比和他的朋友们参观电厂。他们首先来到地下室，那里有一个巨大的锅炉。"它从太阳能电池板收集热水。没有太阳的时候，我们会用木材来加热这个锅炉。"科勒先生说。"那你们是怎么做的呢？"格鲁比问道。

"在食堂里还有一个瓷砖炉灶。它首先对整个房间进行加热，多余的热量通过管道进入热交换器，再从那里进入地窖的锅炉。这些木材可以确保房子始终有暖气。"科勒先生说。

通过太阳能电池板、光伏电池、风力发电机和木材，这座建筑每年产生的可持续能源与山地缆车站和下方山谷中的酒店消耗的能源相当。冬季的时候，连雪橇道都用太阳能照明。

格鲁比、塔拉、埃内里和布鲁诺·埃格诺夫享受着苹果汁。他们希望以后所有的房屋都能被改造成小型发电站。喝完果汁后，他们四个人骑着怪物牌滑板车回到山谷。在骑行的过程中，他们将从太阳和风中获得的势能转换为滑板车的动能。格鲁比喊道："新的能源世界，我们来了！"

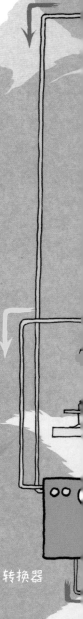

转换器

风力发电机

光伏电池

太阳能电池板

热交换器

锅炉

流入电网

流出电网

名词解释

变异

每个生物都由微小的细胞组成，它们都携带有所谓的遗传物质，这规定了细胞的属性。有时这些遗传物质会发生变化，人们就会说："细胞发生了突变。"在最好的情况下，它不会产生什么影响。但有时它会突变成为癌细胞并开始不受控制地繁殖。

电子

电子是原子的重要组成部分，它围绕原子核高速旋转。电流也由电子组成。

二氧化碳

当木材或汽油燃烧时，会产生二氧化碳。它是一种重要的温室气体。

粪便

粪便是动物和人类肠道的排泄物。它通常是固体至黏稠状。这与尿液形成鲜明对比，尿液从尿道口排出，像水一样稀薄。

氦气

氦气是一种非常轻的气体，在空气中含量较低。它常被用来填充博览会或生日聚会上的气球。今天我们所见到的齐柏林飞艇也充满了氦气。

核

核与原子核有关。因此，这个词指的是与核能有关的一切，如核辐射、核能资源或核灾难。

化石

在数百万年前的恐龙时代，当动物或植物死亡时，它们有时会被一层层的土壤、泥土、瓦砾等东西覆盖。随着时间的推移，它们变得坚硬，这就是人们通常所说的"它们变成了化石"。如果你用锤子把它们打碎，有时会在里面发现动物和植物的残骸，它们都已经石化了，这就是化石。

甲烷

甲烷是一种可燃的温室气体。在没有氧气的情况下生物质被细菌分解时形成甲烷，如在我们的肠子里。沼气的主要成分是甲烷，人类在沼气厂生产甲烷以产生能源。

能源自给自足

这个词包含"能源"和"自给自足"。后者的意思是"独立"。这意味着，一栋房子、一个村庄或整个地区自己生产自己所需的所有能源，而不依赖于电网或其他形式的能源。然而，目前为止只有少数房屋能够真正实现全年能源自给自足。大多数情况下，保持与电网的连接是一种保障。

气候学家

气候学研究地球上一块大陆上或一个地区的气候如何发展。气候学家测量气压、温度或风向，试图找出该地区如此温暖、如此寒冷或如此潮湿的原因。

千瓦时

千瓦时是一个非常常用的电力计量单位。我们以升为单位衡量果汁，以千瓦时为单位衡量电力。每家每户都有一个电表，它记录着该家庭所消耗的千瓦时数，人们根据它计算电费。1千瓦时相当于一台电脑在5小时内消耗的电力，或者一个电炉在最大火力下40分钟内消耗的电力。

氢气

这是一种非常轻的气体，在我们的大气中少量出现。在过去，人们用它填充飞艇。但氢气易燃易爆炸，所以今天我们主要使用氦气来填充飞艇。

氢原子

氢原子是宇宙中最常见的原子。它是许多物质的一个非常重要的组成部分。其中最重要的是水，它由一个氧原子和两个氢原子组成。

生物质

一个地区的所有生物体，如动物、植物、真菌或细菌通称为生物质。在能源生产领域，这通常是指死亡的植物或家庭废水中的固体部分。

食物浪费

意指被丢弃、没被吃完的食物。造成食物浪费或耗损的原因很多，有可能是买得太多，食物在吃之前就变质了；或者杂货店中没被卖出去的那部分食物。生产过程中也存在大量食物浪费，例如农民将太小的苹果或弯曲的胡萝卜扔掉，因为它们卖不出去。

税收

每个国家工作的人都必须在年底交税，这是国家用于维持其运转的钱。它们常被用于道路或学校的建设，教师的工资，垃圾处理或污水处理厂的运作，但也包括公园和公共设施的维护。

太阳能光伏

太阳能光伏是将太阳光直接转化为电能。这就需要所谓的太阳能电池，它们通常安装在房屋、工厂或马厩的屋顶上。

微生物

微生物是非常小的生物体，只有在显微镜下才能看到，包括细菌、病毒和真菌。它们遍布地球表面的任何一个地方：它们既存活于草地、树叶、石头和水中，也生活在日常物品上，如桌子、椅子、门把手或手机上。

微西弗

西弗是放射性辐射或 X 射线的一个测量单位。微西弗是西弗的百万分之一。一般来说，我们每天都会受到大约 10 微西弗的辐射。它们来源于大自然，主要来自地下的基岩。

温室气体

一些气体，如二氧化碳或甲烷，被认为是温室气体，这是因为它们导致了地球上的温室效应。当这些气体聚集在上层大气中时，它们让太阳光照射到地球上，但无法让地球上的热辐射进入太空。温室气体对全球气候非常重要，因为它们首先使地球温暖到足以使生命在地球上存在。但是，如果有太多的温室气体，气候就会变暖，这将导致许多问题。

温室气体排放

这指的是任何释放到大气中的温室气体。我们在日常生活中使用的许多东西都会排放温室气体。例如，从汽车的排气管或工厂的烟囱中逸出的二氧化碳，从污水处理厂或垃圾填埋场漏出的甲烷。

温室效应

温室效应最好在温室中观察，因为它的墙壁是由玻璃或塑料制成的。当太阳照耀时，光线几乎毫无阻碍地进入温室。当它们到达那里的地面时，它们会被吸收，变成热辐射。现在它们又想出去了，但热射线难以通过塑料和玻璃。于是它们被截留在温室内，导致温室内越来越热。

物质

物质是宇宙中存在的一切事物的总称：这包括水、空气、石头、星星、所有液体和所有气体。

吸收

就太阳光而言，吸收意味着吸取。它指的是木头、石头或者树叶等可以吸收太阳光。在这个过程中，太阳光通常被转化为热能。这就是为什么当你把物体放在阳光下时，它会变得温暖。

原子

原子就相当于宇宙中的乐高积木，你所看到的一切都由原子构成：一棵树、草地、汽车、房屋、你的早餐，甚至你自己。原子有很多种，它们有美丽的名字，如氦原子、氧原子、钛或锌原子。原子小得难以想象。你必须把 50 万个碳原子串起来，才能测量出一根头发的直径。原子本身由中间的原子核和围绕原子核运行的电子组成。